Visualisierung

Wie Sie die Macht Ihrer Gedanken Freisetzen, durch Affirmation Ihr Unterbewusstsein auf Glück und Wohlstand programmieren und das Gesetz der Anziehung zur Erfüllung Ihrer Träume nutzen

Eva Cunningham

ISBN – 9798701542967

Inhaltsverzeichnis

Die Macht Ihrer Gedanken: Visualisierung und das Gesetz der Anziehung

Einführung: Die Macht Ihrer Gedanken

„Wir sind, was wir denken.
Alles, was wir sind, entsteht aus unseren Gedanken.
Mit unseren Gedanken formen wir die Welt.“
~ Buddha

Wussten Sie schon, dass das Unterbewusstsein die meisten Ihrer Entscheidungen trifft? In diesem Buch lernen Sie, die unglaublich große Macht Ihrer Gedanken für sich nutzbar zu machen und sie in die von Ihnen gewünschte Richtung zu leiten, um Ihre Träume zu erfüllen.

In Teil Eins geht es darum, Ihre Gedanken bewusst zu beobachten und anschließend lernen Sie in Teil zwei, mit welchen Mitteln sie ihre Macht entfesseln können. Im vierten Teil lernen Sie diese Mittel, Visualisierung und Affirmationen, dann im Detail kennen. Im fünften Teil lernen Sie einen weiteren Katalysator kennen, der Sie einen Schritt weiter zu Ihren Träumen bringt: Das Gesetz der Anziehung und wie sich Ihr Mindset auf die Dinge auswirkt, die in Ihr Leben treten.

Im fünften Teil geht es schließlich darum alles Gelernte in die Tat umzusetzen. Mit Hilfe von einem 14-tägigen Programm werden Sie jeden Tag eine neue Affirmation für sich nutzen lernen. Zusätzlich zu diesen täglichen Anreizen, finden Sie Anweisungen für Einträge in Ihrem Mindset-Tagebuch. Diese Einträge helfen Ihnen dabei, die Affirmationen aktiv auf Ihr Leben anzuwenden. Außerdem sind sie ein Mittel, um den Austausch zwischen Ihnen und Ihrem Höheren Ich zu verstärken und Ihr Verständnis von sich selbst und damit Ihre Selbstliebe zu vertiefen.

Wer sind Sie wirklich und wofür sind Sie hier? Finden Sie es jetzt heraus. Ich wünsche Ihnen viel Spaß bei dieser aufregenden Reise zu sich selbst, die Ihnen ungekannte Weiten eröffnen wird.

Das Glück liegt ganz allein bei Ihnen

„Im Laufe seines Lebens erschafft man sich sein eigenes Universum."
~ Winston Churchill

Sie sind der Schöpfer Ihres Lebens. Wir alle sind für unser persönliches Glück selbst verantwortlich. Entgegen der weit verbreiteten Meinung wird Glück uns NICHT durch äußere Umstände ‚zugefügt.' Wir alles sind Schöpfer unseres eigenen Lebens - eine Rolle, in die viele erst mit etwas Hilfe hineinwachsen.

Als Schöpfer Ihres Lebens müssen Sie Verantwortung für Ihre eigene Zufriedenheit übernehmen. Sie können Ihr persönliches Glück von nichts und niemandem außer sich selbst erwarten. Zustände der Unzufriedenheit erschaffen wir (auf gänzlich unbewusste Weise) selbst. Das bedeutet, dass auch nur wir selbst sie wieder auflösen können.

Der erste und wichtigste Schritt in ein glückliches Leben ist, die Verantwortung für das eigene Glück zu übernehmen. Möchten Sie sich selbst neu erfinden und HEUTE ein glückliches Leben beginnen? Diese

Entscheidung muss sehr bewusst getroffen werden, denn sie bildet die Basis für alle weiteren Schritte.

Gleichzeitig müssen Sie die Herausforderungen, die damit einhergehen, akzeptieren. Sind Sie dafür bereit, unbequeme Wahrheiten über sich selbst zu entdecken und sich selbst mit allen Stärken und Schwächen zu lieben? Ein sehr wichtiger Schritt ist es, sich mit den eigenen Schatten zu beschäftige (Shadow Work). Es geht darum, Frieden mit der Vergangenheit zu schließen und sich die begangenen Fehler selbst zu verzeihen, damit man voll und ganz in der Gegenwart leben kann.

In diesem Buch lernen Sie, wie Sie in Ihrem Kopf regelrecht „ausmisten." Sie lernen, wie machtvoll Ihre unterbewussten und bewussten Gedanken tatsächlich sind und wie Sie sie mit Hilfe von Visualisierung und Affirmationen steuern können. Lösen Sie sich von einer negativen Weltauffassung und Selbstvorstellung und machen Sie Platz für all das Glück, das Sie verdient haben.

Wie Sie die Macht Ihrer Gedanken entfesseln

Das Unterbewusstsein ist unsere mächtigste Kraftquelle – wenn wir lernen es aktiv zu nutzen und unsere Gedanken zu lenken. Schon Jim Morrison, ein Poet und Frontmann der legendären Band The Doors sagte:

„Ich lebe im Unterbewusstsein.
Unser blasser Verstand
verbirgt das Unendliche vor uns."

Was er damit meinte? Dass unser Unterbewusstsein sehr viel komplexer und machtvoller ist als unser bewusstes Denken, das was wir generell als Verstand bezeichnen. Tatsächlich findet der erstaunliche Großteil unseres Denkens im Unterbewusstsein statt. Wir befinden uns also die meiste Zeit im Autopilot-Modus, weil das Unterbewusstsein schlichtweg effizienter und zuverlässiger reagiert. Das bedeutet allerdings nicht, dass es automatisch die jeweils „richtige“ Entscheidung trifft.

Das Unterbewusstsein ist die Summe unserer Erinnerungen, Eindrücke, erlernten Denkmuster, Vorstellungen und Handlungsmotive. All diese Dinge werden unter dem Sammelbegriff „Gedanken“ zusammengefasst, den jeder Mensch für sich persönlich in seine Einzelteile zerlegen und sortieren kann, indem er sich bewusst damit auseinandersetzt.

Indem Sie lernen, Ihre Gedanken zu verstehen und sie bewusst beobachten, lernen Sie auch Ihr wahres Potenzial zu entfalten. Denn was ist es, das Sie die meiste Zeit davon abhält Dinge zu tun? Ihr Kopf, der ununterbrochen so destruktive Dinge sagt wie: „Das solltest du besser sein lassen. Riskiere bloß nichts. Du kannst das nicht. Überlass das lieber Anderen.“

In diesem Kapitel lernen Sie, was es bedeutet mit Ihrer inneren Stimme, Ihrem wahren Ich in Kontakt zu treten und sich davon durch das Leben führen zu lassen, anstatt Ihrem sogenannten Verstand die vollständige Kontrolle zu überlassen.

Sie sind nicht Ihr Ego

„Cogito ergo sum." Ich denke, also bin ich. Dieser berühmte Satz beschreibt eine revolutionäre Entdeckung des Philosophen Descartes. Er stellte als erster fest, dass der große Vorteil des Menschen – wie ihn nur wenige andere Lebewesen auf diesem Planeten besitzen - darin liegt, dass er denken kann. Diese Form des Denkens spielt sich vor allem auf der unbewussten Ebene ab (das Ego).

Was Descartes allerdings noch nicht erkannt hatte und erst viele Jahre später von Jean Paul Sartre festgestellt wurde war, dass es über den unbewussten Gedanken (wie zum Beispiel: „Ich bin hungrig. Ich will essen. Ich will schlafen,") noch eine weitere Ebene des Denkens gibt. Nämlich die, auf der wir unsere eigenen Gedanken kritisch betrachten und sortieren können, unser Bewusstsein (das Höhere Ich).

Die Fähigkeit, unsere eigenen Ideen zu hinterfragen, wurde bisher nur beim Menschen nachgewiesen. Dadurch ist es uns möglich, den Strom unserer eigenen Gedanken kritisch zu beobachten, zu kontrollieren und in eine gewünschte Richtung zu steuern. Hier kommen

Praktiken wie die der Affirmationen und Visualisierung ins Spiel. Dazu im nächsten Kapitel mehr. Zuerst ist es aber wichtig, dass Sie den Unterschied zwischen dem Ego und dem Höheren Ich verstehen.

Das Ego ist unser Widersacher

Das Ego ist zwar verantwortlich für unser Selbstverständnis, macht uns unsere Existenz als menschliche Wesen greifbar, aber vor allem löst es im Gehirn diverse kontraproduktive Prozesse für unser Selbstwertgefühl aus. Dazu zählen Gefühle wie Neid, Stolz, Vergleich (das Gefühl von Überlegen- oder Unterlegenheit), Wut und Unzufriedenheit. Beim Ego dreht sich alles um „ich, mich und meins." Daher stammt auch das Wort Egozentriker für einen Menschen, der sich ganz allein auf sich selbst fokussiert und keinerlei Mitgefühl oder Verständnis für andere kennt.

Das Ziel des Egos ist, sein eigenes Überleben zu sichern, indem es sich immer weiter vergrößert. Dabei zehrt es von unserer individuellen Energie. Ziel sollte es deswegen immer sein, das Ego aufzulösen. Bis dahin ist es allerdings ein weiter Weg, der selbst für spirituelle Meister wie den Dalai Lama eine große Herausforderung darstellt. Das Ego liegt in der Natur des Menschen. Aber es liegt auch in unserer Natur die Dinge zu hinterfragen und so haben wir alles, was wir brauchen, um durch eine Auflösung des Egos einen Zustand der Erfüllung und des Glücks zu erreichen.

Denn wenn das Ego besiegt ist, fallen alle negativen Gefühle weg. Wenn wir diesen Punkt erreicht haben, sind wir eins mit allen anderen Dingen und Wesen auf diesem Planeten. Denn als Individuen sind wir zwar nicht gleich. Wir haben alle unterschiedliche Lebensweisen, Glaubenssätze und Wahrnehmungen. Jeder Mensch kann die Welt nur mit den eigenen Augen wahrnehmen.

Aber diese Unterschiede existieren nur auf der physischen Ebene. Auf dem molekularen und spirituellen Level hingegen, sind wir alles EINS und verbunden mit dem Universum als primärer Energiequelle für alles Leben auf dieser Welt. Wenn wir es auf diese Ebene schaffen, werden wir von einer tiefen Liebe und Mitgefühl für alles um uns erfüllt.

Weil dieses Thema extrem spannend, aber auch komplex ist, würde es den Rahmen dieses Buches sprengen. Wenn Sie mehr über das Ego lernen und erfahren möchten, wie Sie es besiegen können, lege ich Ihnen den millionenfach-verkauften Bestseller „Eine Neue Erde: Bewusstseinssprung anstelle von Selbstzerstörung“ von Eckhart Tolle an Herz. Es wird Ihr Leben verändern, wenn Sie dafür bereit sind. Ich selbst hatte dieses fundamentale Werk jahrelang im Schrank stehen, bevor ich dafür offen war, die Lektion zu lernen. Als ich dann endlich so weit war, hat es mein Leben extrem bereichert. Und indem Sie dieses Buch lesen, haben Sie schon gezeigt, dass auch Sie dafür bereit sind.

Ihre innere Stimme: Das Höhere Ich

In jeder Geschichte gibt es einen Helden und einen Bösewicht. In diesem Fall lassen wir das Ego den Bösewicht sein (obwohl wir es definitiv brauchen) und das Höhere Ich bekommt die Rolle des Helden. Wie Sie lernen, zwischen der Stimme des Egos in Ihrem Kopf und der Ihres Höheren Ichs (Ihrer inneren Stimme) zu unterscheiden, erfahren Sie hier.

Haben Sie schon mal die Erfahrung gemacht, dass Sie etwas tun wollten, aber eine Stimme in Ihrem Herzen ganz laut JA oder NEIN gerufen hat? Das ist genau die Stimme, auf die Sie bei all Ihren Entscheidungen hören sollten. Es ist die Stimme Ihres Herzens, auch als Innere Stimme oder die Stimme des Höheren Ichs oder der Seele bezeichnet.

Die innere Stimme hat mit der Stimme in Ihrem Kopf (der des Egos) nichts gemeinsam, denn Sie basiert nicht auf Ihrer Vernunft - und damit auf den Glaubenssätzen, die Sie im Laufe Ihres Lebens von anderen gelernt oder unbewusst übernommen haben - sondern auf Ihrer wahren Natur. Ihre innere Stimme ist die Ihres Höheren Ichs.

In der heutigen Gesellschaft sind wir so vielen Regeln und sozialen Zwängen unterworfen, dass es ein regelrechter Kraftakt ist, die innere Stimme wieder zu befreien, ihr Gehör zu verschaffen. Aber es geht und Sie werden es schaffen. Und wie? Indem Sie sich Ruhe gönnen und lernen, all den Lärm der Welt durch erholsame Stunden der Meditation auszublenden.

Meditation ist der direkte Weg zu Ihrem Höheren Ich, zu sich selbst. Mit jedem Mal der Übung werden Sie in diesen wunderbaren Momenten der Stille Ihre innere Stimme klarer und deutlicher hören. Und wenn Sie erfolgreich sind, brauchen Sie eines Tages nicht einmal mehr ein Meditationskissen, um diese Verbindung mit dem Kern Ihres Wesens herzustellen, sondern sie wird so stark sein, dass sie als Ihr ständiger Begleiter dient. Glauben Sie mir, denn ich habe diese Erfahrung persönlich gemacht.

Meditation: 7 Vorteile wissenschaftlich belegt

Die wirksamste Methode, um mit Ihrer inneren Stimme in den Dialog zu treten, ist die Meditation. Dabei gönnen Sie sich die Abschottung vom Rest der Welt, die es Ihnen erlaubt, ganz Sie selbst zu sein. Auf diese Weise können Sie Ihre größten Träume erkennen und sie anschließend mit Hilfe von Visualisierung und Affirmationen Schritt für Schritt umsetzen.

Sie glauben nicht, dass Meditation der richtige Weg für Sie ist? Dann lesen Sie weiter. Zahlreiche Studien haben die Vorteile regelmäßiger Meditation bewiesen. Dazu gehören unter anderem verminderter Stress, verbesserte Konzentration, gesenkter Blutdruck und verminderte Symptome von Angstzuständen und

Depressionen. Und das sind nur ein paar der nachgewiesenen Beispiele.

Obwohl es verschiedene Arten der Meditation gibt (zum Beispiel Achtsamkeitsmeditation und transzendentale Meditation), bieten alle ähnliche Vorteile für die geistige und körperliche Gesundheit. Im Folgenden lesen Sie, was die Forschung herausgefunden hat.

Bessere Konzentration und Konzentration

Achtsamkeitsmeditation hilft Ihnen dabei, sich auf die Gegenwart zu konzentrieren. Es geht darum bewusst auf alles zu achten, was Sie jetzt im Moment umgibt, sich nicht ablenken zu lassen. Diese Form der Meditation kann Ihre Konzentration auf andere Aufgaben im täglichen Leben verbessern.

Eine Studie der Harvard Medical School aus dem Jahr 2011 untersuchte die Auswirkungen der Achtsamkeitsmeditation auf das Gehirn und fand einen Zusammenhang zwischen Achtsamkeit und der Verarbeitung neuer Informationen. Die Forscher untersuchten die Gehirne von 17 Personen vor und nach der Teilnahme an einem achtwöchigen Meditationsprogramm. Die Scans zeigten eine Zunahme der grauen Substanz in den Teilen des Gehirns, die für das Lernen, das Gedächtnis und die Regulation von Emotionen verantwortlich sind.

Eine weitere Studie, diesmal von Forschern der Carnegie Mellon University 2016 durchgeführt, zeigte, wie Achtsamkeitsmeditation die Konzentration und Entscheidungsfindung verbessern kann. Die Studie bestand aus 35 Erwachsenen, die Arbeit suchten. Eine Gruppe nahm an einem dreitägigen Entspannungsprogramm ohne Achtsamkeitsmeditation teil, während die andere Gruppe an drei Tagen Achtsamkeitsmeditation übte. Vorher und nachher durchgeführte Gehirnscans zeigten bei der Meditationsgruppe eine verbesserte Verbindung zwischen den Teilen des Gehirns, die die Aufmerksamkeit steuern. Diese Studie beweist also, dass wir unsere Aufmerksamkeit und unser Unterbewusstsein tatsächlich trainieren können und dass dies eine erlernbare Fähigkeit ist.

Stärken des Selbstwertgefühls und des Selbstbewusstseins

Achtsamkeitsmeditation hilft Ihnen dabei, die Dinge langsamer angehen zu lassen und ermöglicht Ihnen eine tiefere Selbstreflexion. Außerdem kann sie Ihnen dabei helfen, Ihre positive Eigenschaften zu entdecken und so Ihr Selbstwertgefühl zu verbessern. Sie steigern durch Meditation Ihr Selbstbewusstsein, indem sie die Fähigkeit erlernen und üben, die eigenen Gedanken und Gefühle zu betrachten, ohne sie dabei zu werten.

Laut Forschern der Stanford University kann Achtsamkeitsmeditation besonders Menschen mit sozialer Angst helfen. In einer Studie von 2009 (veröffentlicht im Journal of Cognitive Psychotherapy) besuchten 14 Teilnehmer mit einer sozialen Angststörung ein zweimonatiges Meditationstraining. Im Anschluss berichteten sie, dass sie nun weniger ängstlich seien und ihr Selbstwertgefühl sich deutlich verbessert habe.

Stress reduzieren

Achtsamkeitsmeditation kann auch den Cortisolspiegel (das Stresshormon) senken, wodurch Sie sich entspannter fühlen. In einem wissenschaftlichen Überblick von 2013 analysierten Forscher mehr als 200 Studien zur Achtsamkeitsmeditation bei gesunden Menschen und stellten fest, dass Meditation ein wirksamer Weg ist, um Stress abzubauen.

Das Wiederholen eines Mantras, einer Phrase zur Affirmation oder einem Satz zur Visualisierung während der Meditation, kann ebenfalls beruhigend wirken. Wenn Sie sich auf Ihr Mantra konzentrieren, können Sie Ihren Fokus von anderen Gedanken abwenden und lassen sich so nicht länger von der gewünschten Aussage ablenken.

Auch die transzendentale Meditation hat einen ähnlichen Effekt, bei dem Sie ein Wort oder einen Ton still wiederholen, um sich zu konzentrieren, und als Ergebnis einen Zustand völliger Stille und Stabilität erreichen. Zum Beispiel zeigte eine Studie aus dem Jahr 2019 eine Verringerung der psychischen Belastung bei Lehrern und Hilfspersonal, die an einem transzendentalen Meditationsprogramm teilnahmen.

Die Forscher maßen vor und nach dem Programm bei den Teilnehmern mit Hilfe von Skalen das Ausmaß von Burnout, Depression und Stress. Sie erlernten die Grundkenntnisse in einem siebenstufigen transzendentalen Meditationskurs. Anschließend meditierten die Teilnehmer über einen Zeitraum von vier Monaten zweimal täglich 15 bis 20 Minuten lang. Nach ihren Berichten senkten sie damit effektiv das Empfinden von Stress und Burnout Symptomen.

Angstzustände oder Depressionen bekämpfen

Achtsamkeitsmeditation hilft Ihrem Geist, sich auf die Gegenwart zu konzentrieren, und verringert die Wahrscheinlichkeit, dass Sie über Ängste nachdenken, die Depressionen auslösen können. Das zeigte eine 2014 veröffentlichte Forschungsanalyse von JAMA Internal Medicine. Sie beweist, dass achtsame Meditation ein effektiver Teil von einem umfassenden Behandlungsplan für psychische Gesundheit sein kann.

Dazu zählt zum Beispiel das Therapieprogramm der achtsamkeitsbasierten Stressreduktion (MBSR). Studien haben gezeigt, dass MBSR Menschen mit Angstzuständen dabei helfen kann, ihren Geist zu beruhigen und

Symptome von Depressionen wie Schlafstörungen, Appetitlosigkeit und schlechter Laune zu reduzieren.

Sucht bekämpfen

Neben all den anderen Funktionen, kann Meditation auch die mit Drogen- und Alkoholabhängigkeit verbundenen Gehirnrezeptoren verändern, was das Verlangen nach diesen Substanzen verringern kann. Darüber hinaus kann Achtsamkeitsmeditation Ihr Bewusstsein für Heißhunger steigern und es Ihnen ermöglichen, diesen Gefühlszustand besser zu handhaben.

Unser Bewusstsein ist wirklich mächtig, weil es uns ermöglicht, einen Drang oder ein Verlangen zu nutzen, ohne davon überwältigt zu werden. Wir können diesen Drang bemerken und anerkennen, dass er da ist, aber wir können uns dank unserem Bewusstsein (dem Höheren Ich) dazu entscheiden, ihm nicht nachzugeben.

Eine Studie aus dem Jahr 2018 (veröffentlicht in Substance Abuse and Rehabilitation) ergab, dass Achtsamkeitstraining dazu beitragen kann, zukünftige Rückfälle bei Menschen mit einer Substanzstörung zu verhindern. Die Meditation erzeugt einen therapeutischen Effekt, der dem Gehirn dabei hilft, den Drang nach einem gewissen Vergnügen zu regulieren. Ein sehr beeindruckendes Beispiel von einem ehemals drogenabhängigen Prominenten, der sich diese Methode erfolgreich zunutze gemacht und nur so die Abhängigkeit überlebt hat, ist der Frontmann und Sänger der Red Hot Chilli Peppers, Anthony Kiedis. Sein sehr ehrliches und persönliches Buch „Scar Tissue“ ist ein aufrichtiges Bekenntnis von einem Künstler und Rockstar, der sich gegen die Sucht und für das Leben entschieden hat.

Schmerzen kontrollieren

Viele Ärzte empfehlen achtsame Meditationspraktiken als Teil eines umfassenden Schmerzmanagementplans. Eine 2020-Studie mit mehr als 6.400 Teilnehmern in 60 Studien ergab beispielsweise, dass Meditation Schmerzen bei Patienten mit postoperativen, akuten oder chronischen Schmerzen lindern kann.

Meditation kann nicht alles heilen und sie wird nicht unbedingt den Schmerz verschwinden lassen. Allerdings hilft sie uns dabei, zwar zu registrieren, dass der Schmerz da ist, aber nicht auf die gleiche Weise davon gefangen genommen zu werden. Diese Technik kann enorm hilfreich sein, um mit chronischen Schmerzen fertig zu werden.

Sie werden freundlicher und liebevoller

Gezielte Meditation kann Ihr Mitgefühl für sich selbst und andere fördern. Es hilft dabei, die Rezeptoren im Gehirn zu stärken, die dafür verantwortlich sind, die Emotionen anderer Menschen aufzugreifen. Außerdem fördert regelmäßiges Meditieren das altruistische Verhalten und verringert die unbewussten Denkprozesse, die für die Aufrechterhaltung von Vorurteilen und verurteilendem Denken verantwortlich sind.

Um eine Meditation zu beginnen, die Ihnen dabei hilft mehr Mitgefühl zu empfinden und Liebe auszusenden, können Sie sich einen geliebten Menschen vorstellen und ihm von Herzen Glück wünschen. Sie können die Liebe, die sie in diesem Moment empfinden, anschließend auf sich selbst und andere Menschen in Ihrem Leben ausdehnen. Bei einer solchen Meditation können Sie einen einfachen Satz verwenden, den Sie sich stillschweigend wiederholen, wie zum Beispiel: "Ich wünsche dir, dass du großes Glück empfinden und es voll und ganz genießen kannst."

Sie sehen, dass Meditation ein extrem mächtiges Instrument ist, um Ihre Gedanken zu kontrollieren und so Ihre Macht zu nutzen. Im Anschluss an den theoretischen Teil, der in Kapitel eins bis vier vorgestellt wird, finden Sie in Kapitel 5 weitere Anregungen, die Ihnen dabei helfen werden, Meditation in Ihr tägliches Leben einzubauen. Die Affirmationen des 14-tägigen Programms können dabei als Grundlage oder Mantra für Ihre Meditationspraxis dienen.

Verletzlichkeit und ein offenes Herz

Eine der bekanntesten und wertvollsten Stimmen zum Thema Verletzlichkeit und Leben mit einem offenen Herzen ist die der amerikanischen Wissenschaftlerin und Autorin Brené Brown. Ihr TED-Talk *„Die Macht der Verletzlichkeit"* ging um die ganze Welt und wurde über 13 Millionen-mal angesehen. Das zugehörige Buch „Verletzlichkeit macht stark," geht im Detail auf Ihre erstaunlichen Erkenntnisse zum Thema ein, die aus jahrelanger Erfahrung mit Menschen hervorgehen.

Darin stellt Brown fest, dass Verletzlichkeit der Kern von Scham, Angst und unserem verzweifelten Kampf um Anerkennung ist. Sie ist aber auch der Geburtsort von Freude, Kreativität, Zugehörigkeit und Liebe. Brown appelliert deswegen an ihre Leser, ihre Verletzlichkeit zu akzeptieren, indem Sie sich ihr ergeben und ihr mit offenen Armen entgegengehen.

Wir neigen dazu, Emotionen zu betäuben, anstatt sie zu akzeptieren

Wir leben in einer schnelllebigen, intensiven Welt voller Verletzlichkeit. Gerade aus diesem Grund neigen die meisten Menschen dazu, ihre Verletzlichkeit zu betäuben. Das Problem dabei ist, dass man Emotionen nicht selektiv betäuben kann, indem man nur die schlechten unterdrückt. Wenn man einige Gefühle betäubt, geschieht das Gleiche auch automatisch mit allen anderen. Dazu zählen auch Freude, Dankbarkeit und Glück.

Als Folge fühlen sich viele Menschen extrem unglücklich und suchen verzweifelt nach einem Sinn oder einer Aufgabe in ihrem Leben. Sie fühlen sich verletzlich, was wiederum die Tendenz dazu verstärkt, die Gefühle erneut zu betäuben. So entsteht ein Teufelskreis von Unzufriedenheit, Verletzlichkeit und Abhängigkeit von externen Mitteln. Die sollen das Gefühl von Leere auslöschen, verstärken es entgegen der Erwartungen allerdings nur.

Außerdem merkt Brown in Ihrem TED-Talk an, dass die Menschen noch nie zuvor in der US-Geschichte so von vier Süchten besessen waren wie heute: Von Konsum, Essen, Alkohol und Medikamenten. Aus diesem Grund ist die amerikanische Bevölkerung (ähnlich wie der Rest der Welt) heutzutage extrem verschuldet, übergewichtig, abhängig und mit schädlichen, chemischen Medikamenten behandelt. Doch das muss nicht so bleiben, wenn wir lernen Verletzlichkeit wieder zu akzeptieren und sie sozusagen salonfähig zu machen – was sie schon immer hätte sein sollen.

Die vier Faktoren für Verletzlichkeit

Brené Brown identifiziert vier Hauptfaktoren, die für das Gefühl von Verletzlichkeit verantwortlich sind. Das sind die Scham, das Minderwertigkeitsgefühl, der Vergleich, sowie schlechte Erfahrungen mit anderen. Das können zum Beispiel Kindheitserfahrungen mit schlechten Lehrern, den Eltern oder auch Erfahrungen mit ehemaligen Arbeitskollegen sein.

Ein Gefühl, mit dem sich Brown im Detail beschäftigt, ist die Scham. Sie ist im Grunde die Angst vor dem Alleinsein, einer Abkopplung oder Trennung von geliebten Menschen oder vom Rest der Gesellschaft. In unserem Kopf schwirren solche negativen Glaubenssätze herum wie: „Wenn andere Leute DAS über mich herausfinden, werden sie denken, dass ich ihre Freundschaft nicht verdient habe."

Scham ist ein universelles Gefühl, das jeder kennt. Nur, wer keine Empathie oder die Fähigkeit für menschliche Bindung hat, empfindet keine Scham. Niemand redet gern darüber, aber das Paradox ist: Je weniger man darüber spricht, desto mehr Scham empfindet man. Der Hintergedanke ist immer: „Ich bin nicht genug (gut/erfolgreich/talentiert usw.)"

Die Mischung aus Scham und Angst sorgt für ein Gefühl von unerträglicher Verletzlichkeit. Wir haben Angst davor, dass wir eine menschliche Verbindung nicht verdient haben. Um menschliche Beziehungen einzugehen, müssen wir uns deswegen selbst erlauben, wirklich – mit sämtlichen Stärken und Schwächen, ohne jegliche Geheimnisse - gesehen zu werden.

Unser Selbstwertgefühl baut auf einem starken Empfinden von Liebe und Zugehörigkeit auf. Das erlangen wir aus Beziehungen mit geliebten Menschen und aus dem Ausleben unserer wahren Natur. Nur mit einem gesunden Selbstwertgefühl, kann die feste Überzeugung entstehen, dass wir Liebe und Zugehörigkeit verdient haben.

Drei wichtige Bestandteile: Mut, Mitgefühl und Beziehungen

Drei wichtige Bestandteile, die Ihnen dabei helfen werden, Ihr Selbstwertgefühl zu steigern, sind Mut, Mitgefühl und Beziehungen.

Beim Thema Verletzlichkeit geht es darum, die eigene Story mit offenem Herzen zu erzählen. Dafür brauchen Sie Mut, bzw. Tapferkeit. Sie ist nicht das Gleiche wie Unerschrockenheit. Es geht beim Leben aus vollem Herzen nicht darum keine Angst zu haben, sondern die Dinge TROTZ Ihrer Angst zu tun. Es geht um die

Tapferkeit oder den Mut, nicht perfekt zu sein. Außerdem geht es um Mitgefühl für Ihre Mitmenschen.

Mitgefühl bedeutet, niemandem die Schuld für irgendetwas zu geben. Seien Sie zuerst zu sich selbst gutmütig und dann zu anderen. Denn das ist nur möglich, wenn Ersteres erfüllt ist. Anschuldigungen gegen Andere sind nichts weiter, als ein Weg, um die eigene Schuld oder das Unbehagen loszuwerden – indem Sie versuchen, es auf andere abzuladen. Damit machen Sie aber nicht nur Ihr Gegenüber, sondern gleichzeitig auch sich selbst unglücklich. Der dritte wichtige Faktor sind die Beziehungen, die Sie aufbauen und pflegen.

Diese Beziehungen sind ein Ergebnis von Authentizität. Menschen, die sich authentisch zeigen wollen, müssen dafür die Bereitschaft beweisen, loszulassen, wer oder was sie zuvor glaubten, sein zu müssen. Nur durch diesen Prozess des Loslassens sind Sie im Anschluss dafür bereit, Ihre wahre Persönlichkeit preiszugeben und sie strahlen zu lassen. Nur auf dieser Grundlage sind auch erfolgreiche und erfüllende Beziehungen zu anderen Menschen möglich. Trauen Sie sich, der Welt zu zeigen, wer Sie wirklich sind und Sie werden es nie bereuen. Verstecken Sie sich nicht mehr.

Was Sie verletzlich macht, macht Sie schön

Menschen, die sich verletzlich zeigen können, haben ihre eigene Verletzbarkeit vollständig akzeptiert und versuchen nicht mehr, sich vor dem Leben zu verstecken. Daraus entsteht der mächtige Glaubenssatz: „Das, was mich verletzlich macht, macht mich schön." Auf diese Weise werden Sie regelrecht unaufhaltbar, denn Sie haben keine Angst mehr davor verletzt zu werden.

Was genau ist denn mit Verletzlichkeit gemeint? Sie ist in gewisser Weise das Gegenteil von Recherche und Wissenschaft. Denn bei der Verletzlichkeit geht es darum, Dinge anzunehmen, während die Wissenschaft darauf abzielt, Dinge zu kontrollieren und vorherzusagen.

Selbstverständlich ist Verletzlichkeit nicht angenehm. Allerdings ist sie auch nicht unerträglich. Sie ist ganz einfach notwendig und unumgänglich, wenn es Ihnen darum geht, authentisch zu sein und ein erfülltes Leben zu führen.

Wie sieht dieses Leben mit offenem Herzen nun aus? Menschen, die sich selbst (mit allen Stärken und

Schwächen) und ihre damit einhergehende Verletzlichkeit akzeptiert haben, sind zum Beispiel in der Lage als Erste „Ich liebe dich“ zu sagen. Denn Sie lassen sich nicht von der Angst aufhalten, dass der andere es nicht erwidern könnte. Menschen, die sich bewusst verletzlich zeigen, können Dinge ohne eine Erfolgsgarantie tun und sich damit auch dafür entscheiden, in eine Beziehung zu investieren, die entweder funktionieren oder auch schiefgehen könnte. Denn so verhält es sich mit allen Dingen im Leben. Sie müssen sich einfach nur trauen und damit den Teufelskreis der Angst durchbrechen.

So durchbrechen Sie den Teufelskreis

Um den Teufelskreis von Unzufriedenheit, Verletzlichkeit und Abhängigkeit von externen Mitteln (wie z.B. materiellen Dingen, Aussagen der Bestätigung, bis hin zu Medikamenten) zu durchbrechen, müssen Sie sich direkt in das Auge des Sturms wagen. Stellen Sie sich Ihren Ängsten und negativen Glaubenssätzen und bauen Sie sie nach und nach ab.

Hören Sie damit auf zu versuchen, das Ungewisse gewiss zu machen, alles zu perfektionieren und sich selbst und anderen etwas vorzuheucheln. Es gibt keine universelle Wahrheit, kein Richtig oder Falsch. Wir müssen lernen mit der Unsicherheit der Dinge klarzukommen, denn die Welt befindet sich ständig in Bewegung.

Das bedeutet für uns alle, dass sich positive und negative Erfahrungen im Leben immer abwechseln werden. Nichts bleibt für immer. Und das ist gut so. Ohne Bewegung, Herausforderungen und Wachstum würde die Welt stillstehen und wäre sterbenslangweilig.

Vier Dinge, die Sie für Ihre Erfüllung tun können

Brené Brown schlägt vier Dinge vor, die Sie tun können, um Verletzlichkeit in Ihrem Leben zu erlauben und für mehr Glück und Wohlstand zu sorgen.

- Zeigen Sie, wer Sie wirklich sind. Haben Sie keine Angst davor, Ihre versteckten Talente und wahren Leidenschaften mit der Welt zu teilen. Sie haben rein gar nichts zu verlieren – außer Ihrem eigenen Glück und dem unglaublich machtvollen Gefühl von individueller Erfüllung. Sich verletzlich zu fühlen, bedeutet, dass Sie lebendig sind und sich nicht mehr verstecken.

- Lieben Sie von ganzem Herzen. Trauen Sie sich so zu lieben, wie Ihr Herz es sich wünscht. Es ist wichtig, wachsam zu bleiben und aufmerksam zu entscheiden, wer Ihre Liebe verdient hat. Aber dann gibt es kein Halten mehr. Denn Liebe ist die mächtigste Kraft, die wir als Menschen besitzen. Wenn Sie wahr und bedingungslos ist (für Sie selbst im gleichen Maße wie für Ihre geliebten Menschen), kann Liebe nur Gutes bringen.

- Üben Sie immer Dankbarkeit und Freude. Die wichtigsten Tipps dazu haben Sie bereits gelesen.

- Glauben Sie fest an den Grundsatz: „Ich bin genug." Wenn wir von einem Ort in unserem Herzen aus operieren, an dem wir uns selbst genug sind, hören wir auf, um Selbstliebe und Aufmerksamkeit zu betteln. Erst dann können wir endlich damit beginnen, unserer Inneren Stimme und anderen Menschen wirklich aufmerksam zuzuhören. Wir sind freundlicher und sanfter zu uns selbst und zu anderen.

Warum Ihre Kritiker nicht zählen

Es gibt nichts Erschreckenderes als den Moment, in dem wir unsere Ideen zum ersten Mal mit der Welt teilen. Unsicherheit und Ängstlichkeit sind zwei Dinge, die die meisten Menschen davon abhalten, wirklich sie selbst zu sein. Denn ihnen mangelt es an Mut zur Verletzlichkeit. Es verlangt sehr viel innere Stärke, auf die Bühne der Welt hinauszutreten und sich dadurch verletzlich zu machen. Wir alle tragen diese Stärke in uns, aber wir müssen uns trauen, sie anzuzapfen.

Die Autorin und Verletzlichkeitsforscherin Brené Brown zeigt uns, wie wir mit den Kritikern und unseren eigenen Selbstzweifeln umgehen können, indem wir uns weigern, uns ständig gegen irgendetwas zu rüsten. Sie müssen aufhören, sich zu verstecken, sich selbst zurückzuhalten und sich sogar selbst unterbewusst (oder sogar bewusst) zu sabotieren.

"Sich nicht darum zu kümmern, was die Leute denken", sagt sie, "verlangt nur eine weitere Art von Anstrengung." Es wird niemals irgendjemanden gelingen, weil schlichtweg kein Mensch eine Insel ist. Wir sind immer von einer Gemeinschaft umgeben und deswegen auch konstant – ob wir es nun wollen oder nicht, uns damit aktiv auseinandersetzen oder nicht - deren Aussagen und Meinungen ausgesetzt.

Anstatt so zu tun, als würden wir von anderen nichts mitbekommen, müssen wir uns darauf einstellen und sie im Voraus akzeptieren. Sie sollten sprichwörtlich stets einen Platz an Ihrer reich gedeckten Tafel für die Kritiker und Ihre eigenen Selbstzweifel freihalten. Sagen Sie ihnen: „Ich sehe dich, ich höre dich, aber ich werde das trotzdem tun.“ Kennen Sie Ihre inneren und äußeren Kritiker und seien Sie auf genau das vorbereitet, was sie sagen werden. Fragen Sie sich: Ist es wirklich wichtig, was kritische Stimmen sagen? Ist es hilfreich oder schädlich für mich? Sollte ich es an mich ranlassen oder freundlich abwinken? Was ist das Besondere an mir?

Nur konstruktives Feedback ist willkommen

In ihrem TED-Talk beschreibt Brené Brown ihren eigenen Weg in die Verletztlichkeit, die sie seit vielen Jahren wissenschaftlich untersucht. Sie bezieht sich dabei vor allem auf eine Rede, die Franklin D. Roosevelt eines Tages an der Sorbonne Universität in Paris gehalten hat. Das Zitat bezieht sich in etwa auf diese

Dinge: Es ist nicht der Kritiker, der zählt. Es ist nicht der Mann, der darauf hinweist, wo der starke Mann stolpert oder wo ein Darsteller es hätte besser machen können. Die Anerkennung hat allein die Person verdient, die sich tatsächlich in der Arena befindet. Deren Gesicht voller Blut, Schweiß und Staub ist. Die Person, die am Ende im besten Fall den Triumph einer großen Leistung erlebt oder im schlimmsten Fall, wenn sie versagt, die Ehre verdient, weil sie es wenigstens gewagt hat.

Dieses Zitat fasst für Brown alles zusammen, was sie in den vielen Jahren über die Verletzlichkeit gelernt hat. Und das sind im drei grundlegende Dinge:

1. Es geht nicht um das Gewinnen oder Verlieren. Es geht darum, sich zu zeigen und gesehen zu werden.

2. Es ist wichtig, sich dazu zu bekennen, was man sein möchte. Brown stellte damals fest: Sie wollte die Person sein, die von Roosevelt beschrieben wurde. Möchten auch Sie etwas erschaffen, auf das Sie stolz sein können? Möchten Sie Dinge erschaffen, die es nicht gab, bevor Sie sie berührt haben? Möchten Sie sich zeigen und durch Ihre

Arbeit und Ihr Leben gesehen werden? Dann seien Sie gefasst. Denn, wenn Sie sich zeigen und gesehen werden, gibt es nur eine Garantie: Sie werden Kritik ernten. Wenn Mut eine Tugend ist, die wichtig für Sie ist, dann ist dies die logische Folge. Sie können Kritik nicht vermeiden, wenn Sie Verletzlichkeit ausleben wollen.

3. Jemand, der nicht selbst mit Ihnen in der Arena steht und sich damit auch verletzlich macht, hat es nicht verdient, Ihnen Feedback zu geben. Er hat kein Recht dazu und was er sagt, sollte Sie schlichtweg nicht interessieren. Punkt. Nur konstruktives Feedback ist willkommen.

Wissen Sie, dass Ihre Kritiker da sind, und seien Sie sich darüber im Klaren, was sie sagen werden. Denn, wenn wir aufhören, uns dafür zu *interessieren*, was andere denken, verlieren wir unsere Fähigkeit zur Verbindung. Andererseits gilt aber gleichzeitig: Wenn wir uns darüber *definieren*, was andere über uns denken, verlieren wir unsere Fähigkeit, verletzlich zu sein. Hören Sie Ihren Kritikern also aufmerksam zu, aber definieren Sie sich nicht über ihre Worte. Seien Sie sich klar über Ihre eigenen Werte und halten Sie nur daran fest.

Ihre Unterstützer sind diejenigen, die zählen

Die Menschen, die in Ihrem Leben wirklich zählen und IMMER die besten Plätze an Ihrer reich gedeckten Tafel haben sollten, sind Ihre Unterstützer. Sie sind es die wirklich zählen. Die Menschen, die Sie lieben und von denen Sie geliebt werden. Denn diese Menschen werden immer für Sie da sein. Sie werden Sie aus dem Staub aufheben und Ihnen weiterhelfen. Denn diese Personen lieben Sie, wahrhaftig. Nicht trotz Ihrer Unvollkommenheiten und Schwachstellen, sondern genau dafür.

Wir neigen dafür, uns mehr für unsere Kritiker als unsere Unterstützer zu interessieren und um ihre Gunst zu buhlen, weil es eine Art Herausforderung ist, die wir bestehen wollen. Zu diesem egoistischen Zweck, zur selbstgerechten Bestätigung, vernachlässigen wir sogar die wichtigsten Menschen in unserem Leben. Denn wie wichtig könnte ein Unterstützer schon sein, wenn er ständig da ist, um mich zu unterstützen?

Anstatt diese Menschen zu ehren und für ihre Liebe dankbar zu sein, laufen wir in blinder Habgier den Kritikern hinterher. Denn die Unterstützer lieben uns ja ohnehin. Sie sind immer an unserer Seite und wir betrachten ihre Liebe als Selbstverständlichkeit. Wir suchen stattdessen den Fremden im Fußballstadium. Dessen Anerkennung ist es, was wir zu gewinnen versuchen. Wir gehen sogar so weit zu versuchen, die Leute zu gewinnen, die uns hassen. Denn wenn wir deren Gunst gewinnen können, ist das eine herrliche Bestätigung für das nimmersatte Ego. Lassen Sie davon ab und konzentrieren Sie sich auf Ihre Unterstützer.

Ihr größter Kritiker sind Sie selbst

Ihre Kritiker werden immer da sein. Die Menschen mit dem größten Mut und der größten Verletzlichkeit sind diejenigen, die sich sehr klar darüber sind, wer genau diese Kritiker sind und sie akzeptieren. Einer dieser Kritiker, in der Tat der schwierigste von allen, sind Sie selbst. Auch diese Stimme, die aus Ihrem eigene Inneren kommt, müssen Sie lernen zu handhaben.

Es gibt immer ein Ideal für das, was Sie sein möchten. Und viele von uns wenden sich von den Teilen unserer Persönlichkeit ab, die nicht zu dem passen, was dieses Ideal darstellt. Wir streben krankhaft nach Perfektion, die es allerdings niemals geben kann. Was bleibt, wenn wir all diese „nicht perfekten“ Teile von uns verleugnen und verstecken? Einzig und allein der Kritiker. Und genau für diese Stimme müssen wir auch einen Platz freihalten.

Der größte und wichtigste Platz gehört allerdings nur einer Person: Ihnen selbst. Der Person, die sich daran erinnert, wo sie herkommt, wie alles begonnen hat und was sie schon alles erreicht hat. Die Person, die an das glaubt, was Sie tun und warum Sie es tun. Und die Person, die sagt: "Ja, es ist beängstigend, sich zu zeigen. Es fühlt sich gefährlich an, gesehen zu werden. Es ist erschreckend. Aber es ist noch lange nicht so beängstigend, gefährlich oder furchterregend wie, das Ende unseres Lebens zu erreichen und zu denken: Was wäre, wenn ich mich gezeigt hätte? Was wäre anders gewesen?

Trauen Sie sich. Seien Sie genau die Person, die sie schon immer sein wollten. Um dorthin zu gelangen, machen wir einen kurzen Exkurs in Ihre Kindheit. Denn nur dort können Sie die Erfahrungen aus dem Weg räumen, die Sie immer noch zurückhalten. Machen Sie Platz für Ihr Selbstwertgefühl und Ihre Selbstverwirklichung.

Das Innere Kind heilen

Die meisten Dinge, mit denen wir im Erwachsenenalter hadern, haben ihre Wurzel in der Kindheit. Aus diesem Grund sprechen sowohl spirituelle Lehrer, als auch Therapeuten oft davon, dass Sie Ihr „inneres Kind" heilen müssen. Aber was ist damit eigentlich gemeint?

Jeder erwachsene Mensch ist einmal Kind gewesen. Und die Erlebnisse, die wir während der Kindheit machen, prägen uns für den Rest unseres Lebens. Ihr Unterbewusstsein wurde programmiert, seit Sie ein Baby waren. Als Kind ist unser Unterbewusstsein noch sehr empfänglich für alles, was in der Umgebung passiert. Wie ein Schwamm, saugt es sämtliche Verhaltens- und Denkmuster auf, die wir bei anderen beobachten. So entstand Ihre Weltanschauung, die Paradigmen, mit denen Sie die Welt verstehen.

Obwohl wir uns als Erwachsene oft regelrecht erhaben fühlen, weil wir im Leben bereits so viele Hindernisse und Herausforderungen überwunden haben, bleiben die Kindheitserinnerungen und damit auch die Kindheitswunden, so lange bestehen, bis wir die mentale Kraft und vor allem das Bewusstsein dafür haben, uns mit ihnen auseinanderzusetzen. Alle Wunden aus Ihrer Kindheit, die Sie noch nicht geheilt haben, beeinflussen Sie unterbewusst in Ihrem täglichen Leben.

Wie können Sie diese Wunden nun heilen? Indem Sie reflektieren und darüber nachdenken, warum Sie in bestimmten Situationen so handeln, was Ihre gelernten Verhaltensmuster sind. Im Anschluss geht es darum, die negativen Muster zu durchbrechen. Dazu lesen Sie später mehr im Mindset-Tagebuch (Kapitel vier).

Bis Sie die Wunden Ihres inneren Kindes geheilt haben und in einen Raum tiefer Selbsterkenntnis und Selbstliebe zurückgekehrt sind, können Sie Ihr volles Potenzial nicht entfalten. Wie Sie mit Ihren eigenen Schatten, Ihren schmerzhaften Erfahrungen und Traumata, umgehen, entscheidet darüber, als was für ein Mensch Sie für Ihre Geliebten (Partner, Familie und Freunde) da sein können.

Wenn Sie sich nicht mit diesen Dingen auseinandersetzen, geben Sie all Ihre eigenen Schwächen und selbstzerstörerischen Muster an Ihre

Mitmenschen und eventuell Ihre Kinder, bzw. die nächste Generation Ihrer Familie, weiter.

Werden Sie sich darüber bewusst, dass es bei ihren Frustrationen niemals um andere geht. Jedes einzelne der von Ihnen wahrgenommenen „Probleme“ oder Erfahrungen, die in Ihnen negative Emotionen hervorrufen, hat seinen Ursprung in einem Ihrer vergangenen Erlebnisse. Es geht nicht um andere Menschen, sondern vielmehr um ihre eigenen unerfüllten (Kindheits-) Bedürfnisse, die Sie unbewusst auf die Menschen projizieren, die Ihnen am nächsten stehen.

Hier sind einige Vorschläge für Methoden, mit Hilfe derer Sie das vermeiden können:

Mithilfe einer Reihe leistungsstarker Tools und mentaler Konzepte können Sie lernen, wie Sie sich zuerst auf Ihr inneres Kind konzentrieren, um vollkommene Selbstliebe zu praktizieren. Im Anschluss können Sie dann diese Liebe und Ihre Erfahrungen dafür nutzen, um anderen Liebe zu geben und Sie mit Mitgefühl und Empathie dabei zu unterstützen, sich selbst ebenso zu lieben. Jeder von uns hat es verdient, sich selbst vollkommen zu lieben und dieses Gefühl auch von anderen entgegengebracht zu bekommen.

Mit den folgenden fünf Schritten können Sie in Ihrem Bewusstsein einen Entwicklungsprozess einleiten, der dazu führt, dass Sie Ihre Mitmenschen und sich selbst optimal unterstützen können. Jeder der fünf Schritte beschreibt zuerst die negative Ausgangssituation und im Anschluss die positive Veränderung, die Sie mit bewusstem Denken und Handeln bewirken können.

- Weg von der Projektion: Sie projizieren Ihre Gedanken und Überzeugungen auf Ihr Gegenüber, überlagern damit seine eigenen. Damit legen Sie ihm sozusagen die Worte in den Mund. → Hin zum Innehalten und Zuhören: Ermöglichen Sie Ihrem Gegenüber, auszudrücken, was er denkt und fühlt und damit, wer er wirklich ist.

- Weg von Erwartungen: Sie üben mit Ihren Erwartungen sowohl bewusst, als auch unbewusst, Druck auf Ihr Gegenüber aus. → Hin zu einfühlsamem Interesse: Lernen Sie, die Welt für den gegenwärtigen Moment aus den Augen Ihres Gegenübers zu betrachten.

- Weg von Verurteilung: Sie neigen dazu das Verhalten Ihrer Mitmenschen als gut oder schlecht, bzw. positiv oder negativ, abzustempeln. → Hin zu mehr Mitgefühl: Akzeptieren Sie Ihr Gegenüber für das, was er wirklich ist – ein Mensch, der sich konstant weiterentwickelt und wächst.

- Weg von der unbewussten Reaktion: Sie lassen sich von unüberlegten Impulsen und davon ausgelösten Reaktionen leiten. → Hin zu Ihren wahren Gefühlen: Erlauben Sie sich, Ihre wahren, tiefen Emotionen zu beobachten und sie vollständig auszuleben.

- Weg von der Korrektur: Sie kontrollieren und erzwingen das Verhalten Ihres Gegenübers. → Hin zu einer tiefen Verbindung voller Akzeptanz und Verständnis: Pflegen Sie die tiefen, bedeutungsvollen Bindungen, nach denen Sie und Ihre Liebsten sich sehnen.

Das Gesetz der Anziehung: So programmieren Sie Ihr Unterbewusstsein auf Glück und Wohlstand

In diesem Kapitel erfahren Sie, wie Sie mit Hilfe von Affirmationen und Visualisierung das Gesetz der Anziehung für sich nutzen. Es besagt ganz vereinfacht, dass Sie das anziehen, was Sie selbst aussenden. Noch weiter vereinfacht: Gleiches zieht Gleiches an.

In was für einem Haus möchten Sie leben? Wie viel Vermögen möchten Sie auf Ihrem Konto haben? Wollen Sie Millionär werden? Was für ein Business möchten Sie haben? Wünschen Sie sich mehr Erfolg? Was ist es das Sie sich von Herzen wünschen.

Das Gesetz der Anziehung kann Ihnen bei allen Dingen in Ihrem Leben helfen: Bei finanziellen Themen, in Hinsicht auf Krankheiten und Heilung, bei mentalen Prozessen der Heilung und auch bei den Beziehungen in Ihrem Leben. Sie können haben, tun oder sein, was auch immer Sie wollen. Wie Sie mit dieser kostbaren Erkenntnis Ihr Unterbewusstsein auf Glück und Wohlstand programmieren, erfahren Sie hier.

Was ist das Gesetz der Anziehung?

Das Gesetz der Anziehung ist etwas, das zu jeder erdenklichen Zeit schon seit Jahrtausenden arbeitet, aber bisher nur von wenigen erkannt wurde. Dazu zählten laut der Dokumentation „The Secret" und dem zugehörigen, weltweiten Bestseller von Autorin Rhonda Byrne unter anderem: Plato, Socrates, Pythagoras, Shakespeare, Einstein, Churchill und auch Goethe. All diese weisen Persönlichkeiten haben Ihr Verständnis für das Gesetz der Anziehung und damit unbezahlbares Wissen durch ihre Arbeit geteilt.

Es handelt sich um ein universelles Gesetz, das dem der Schwerkraft ähnelt. Wenn Sie einen Stift loslassen, wird er in jedem Fall auf den Boden fallen. Genauso verhält es sich mit Dingen, über die Sie vermehrt nachdenken (vor allem unterbewusst): Je mehr Sie an etwas denken, desto wahrscheinlicher wird es in Ihrem Leben auftauchen. Gleiches zieht Gleiches an.

Dieses Gesetz besagt, dass Sie alles, was in Ihr Leben tritt, selbst anziehen. Und das geschieht kraft der Gedanken, die Sie hegen. Sie sind wie Bilder, die Sie vor Ihrem inneren Auge wie in einem Film ablaufen lassen, der im Endeffekt durch die Macht Ihrer Gedanken in die Realität übertragen wird.

Dieser Prozess ist ständig aktiv. Das Gesetz der Anziehung arbeitet ununterbrochen, ob Sie es wollen oder nicht, ob es Ihnen bewusst ist oder nicht. Es lässt sich niemals aufhalten, ABER Sie können es für sich nutzen, indem Sie lernen, den Film in Ihrem Kopf zu steuern. Es geht darum, was sie DENKEN. Was auch immer sich in Ihrem Kopf abspielt, werden Sie anziehen und manifestieren.

IHRE GEDANKEN WERDEN ZU DINGEN.

Unsere Aufgabe in diesem Leben ist also, an unseren Wünschen festzuhalten, uns selbst kristallklar zu machen, wie diese Wünsche im kleinsten Detail aussehen und im Anschluss das Gesetz der Anziehung für uns arbeiten zu lassen. Sie werden zu dem, worüber Sie am meisten nachdenken und Sie ziehen das an, worüber Sie am meisten nachdenken.

Exkurs in die Metaphysik: Alles ist Energie

Im Zentrum des Gesetzes der Anziehung steht das menschliche Gehirn. Der Körper ist ein molekulares Gerüst. Er ist eine Masse von Energie, die auf einem sehr hohen Tempo vibriert. Nur, wenn man die mikroskopisch kleinen Bestandteile des Körpers, die Moleküle, mit einem Mikroskop betrachtet, kann das Auge diese Energie wahrnehmen.

Dr. Fred Alan Wolf ist Quantum-Physiker, Dozent und preisgekrönter Autor. Er erklärt in der Dokumentation „The Secret," dass es beim Gesetz der Anziehung nicht um Wunschdenken oder etwas Erfundenes geht. Es geht um eine tiefere, grundlegende Erkenntnis. Die Ergebnisse der Quantum-Physik deuten immer mehr darauf hin. Sie veranschaulichen, dass es niemals ein Universum geben könnte, in dem unser Verstand, die Funktionsweise des menschlichen Gehirns, keine Rolle spielt.

Unser Verstand formt genau das, was wir wahrnehmen. Demnach ist alles, was wir wahrnehmen, subjektiv. Kein einziger Mensch sieht die Welt mit den exakt gleichen Augen wie ein anderer. Und so verfügen wir mit der Macht unserer Gedanken auch über das Potenzial, unser Leben so zu gestalten, wie es noch kein anderer vor uns jemals getan hat. Wir müssen nur daran glauben.

Bestimmen Sie die Frequenz Ihrer Gedanken

Auch unsere Gedanken sind Energie, die auf einem bestimmten Level vibriert. Diese Vibrationen oder Schwingungen beeinflussen, was wir anziehen. Die meisten Menschen verstehen nicht, dass unsere Gedanken über eine gewisse Frequenz verfügen. Wir können Gedanken wissenschaftlich als fließende Energie im Gehirn messen.

Je nach dem, an was Sie denken, geben Sie genau dieser Sache damit Energie. Wenn Sie immer und immer wieder an das Auto denken das Sie gerne hätten oder an das Geld, was Sie brauchen, um eine Firma aufzubauen, vielleicht auch an Ihren Seelenverwandten, nach dem Sie noch suchen... wenn Sie sich bildlich vorstellen, wie genau das in Ihrem Leben aussehen würde, senden Sie damit Energie auf einer bestimmten Frequenz aus. Wenn Sie dies konsequent weiter tun, werden Sie dieses Ereignis eines Tages in Ihrem Leben manifestieren. Das ist vom Universum garantiert. Ob es jedoch ein bewusster oder ein unbewusster Prozess ist, das entscheiden allein Sie.

Sie sind wie ein menschlicher Sendeturm, der in Form Ihrer Gedanken eine bestimmte Frequenz aussendet. Wenn Sie etwas in Ihrem Leben verändern möchten, müssen Sie die Frequenz mit Hilfe der Kraft Ihrer Gedanken ändern. Denn alles, was Sie jetzt im Moment denken, ist Grundlage für Ihr zukünftiges Leben. Die Dinge, auf die Sie sich konzentrieren, werden in Ihrem Leben auftauchen.

Sie bestimmen, wie Ihr Leben verlaufen wird

Sie wissen nun, dass das Gesetz der Anziehung immer am Werk ist. Die vorherrschenden Gedanken in Ihrem Kopf geben dabei den Ton an, ganz egal ob Sie bewusst oder unbewusst sind. Da liegt der Haken, wie auch das Potenzial.

Möchten Sie den Großteil Ihres Lebens wie ein Schlafwandler verbringen, indem Sie all Ihre Entscheidungen vom Unterbewusstsein treffen lassen? Oder möchten Sie in Ihrem Leben das Ruder übernehmen, indem Sie Ihre Gedanken bewusst kontrollieren und steuern? Sie allein kennen die Antwort auf diese lebensverändernde Frage. Die Tatsache, dass Sie dieses Buch in Händen halten, beweist, dass Sie auf dem richtigen Weg sind und bereit dafür, bewusst zu handeln.

Nun geht es darum, wie Sie Ihre Gedanken nutzen, um die Vibrationen in Ihrem Leben zu kontrollieren. Wie das geht? Indem Sie lernen Ihr Bewusstsein vom Unterbewusstsein zu unterscheiden und Ihre Gedanken entsprechend zu kategorisieren und zu lenken.

Das Wohlstands-Mindset (Innerer Reichtum)

Um Ihr Unterbewusstsein auf Glück und Wohlstand zu programmieren, müssen Sie sich zuallererst mit Ihren Glaubenssätzen befassen. Was glauben Sie, was Glück ist? Was bedeuten Wohlstand und Reichtum für Sie? In welchen Momenten meines Lebens fühle ich mich rundum sorglos und glücklich?

Ihr persönliches Glück definieren

Wahrer Reichtum ist nicht mit Materialismus gleichzusetzen. Geld ist ein Aspekt von Fülle, aber es geht beim Wohlstands-Mindset vor allem um inneren Reichtum. Damit ist Wohlstand auf emotionaler, zwischenmenschlicher und materieller Ebene gemeint.

Geld, ein großes Haus, das Auto Ihrer Träume und alle anderen externen Dinge sind keineswegs Garanten dafür, dass Sie glücklich sein werden. Gleichzeitig wird auch eine spirituell-beeinflusste, bescheidene Lebensweise nichts an Ihrem Glückszustand verändern, wenn Sie diese Lebensweise nicht aus tiefstem Herzen wollen.

Es ist wichtig, dass Sie sich über Ihren persönlichen Traum vom Glück im Detail bewusstwerden, bevor Sie das 14-Tage-Programm in Kapitel vier beginnen. Damit es Ihnen leichter fällt, finden Sie im abschließenden Teil dieses Kapitels eine Anleitung, wie Sie klare Intentionen setzen und Ihre Träume visualisieren.

Was Glück nicht ist

Denken Sie einmal darüber nach, wie viele der Dinge, die Sie über den Tag verteilt tun, Sie wirklich als Individuum glücklich machen. Wenn es nicht viele sind, haben Sie damit eine wichtige Erkenntnis gemacht. Sie wissen jetzt, was Sie nicht glücklich macht. Manchmal müssen wir erst die Dinge betrachten, die wir nicht wollen, um zu verstehen, was wir uns wirklich von Herzen wünschen.

Um dies tun zu können, benötigen Sie Zeit, Mut und eine große Portion Überwindungskraft. Denn es gibt unendlich viele Dinge, die uns davon abhalten, unser volles Potenzial zu entfalten oder nach unseren Träumen zu leben. Dazu zählen unter anderem negative Kräfte wie Selbstsabotage, der Vergleich mit anderen, der eigene (falsche) Stolz, Undankbarkeit, Neid und Habgier.

Ihr persönliches Glück hat rein gar nichts mit anderen Menschen zu tun. Sie allein können verstehen, was Sie glücklich macht. Dabei sind Sie vollkommen unabhängig von den Erwartungen oder Vorstellungen anderer. Was Sie persönlich glücklich macht und erfüllt, mag für jemand anderen lächerlich oder nicht wünschenswert sein. Lassen Sie die Meinungen anderer also außen vor und konzentrieren Sie sich auf Ihre Wünsche. Haben Sie den Mut, genau das zu tun, was Sie persönlich für richtig halten. Und lassen Sie sich von nichts und niemandem von Ihrem Weg abbringen. Erst recht nicht von der limitierenden Vorstellung, dass Sie nicht genug Geld haben.

Geld ist ein Werkzeug

Was die meisten spirituellen Lehrer unter Reichtum verstehen, hat nichts mit der kapitalistischen Vorstellung vom angeblich sorgenfreien Dasein als Millionär zu tun. Wenn Sie wirkliche Millionäre nach Ihrem persönlichen Glück fragen, werden Sie schnell herausfinden, dass viel Geld (materieller Wohlstand) Ihnen zwar finanzielle Freiheit erlaubt (ein sehr wichtiger Faktor), aber keineswegs ein Garant für Glück ist.

Geld ist nur ein Werkzeug, das Sie für sich nutzen können, um persönliche Freiheit auf der finanziellen Ebene zu erlangen. Sie sollten Geld auch als solches sehen, nicht mehr und nicht weniger. Geld ist nicht das große Übel, das über Ihr Leben entscheidet: Vielen glauben, dass Sie keinen Einfluss darauf haben, ob Sie arm oder reich sind. Selbstverständlich kommen soziale Faktoren mit ins Spiel, aber das Gesetz der Anziehung besagt, dass Sie mit Ihrer Einstellung darüber entscheiden, wieviel Geld auf Ihr Konto fließt.

Je mehr Sie sich über Schulden beschweren und immer wieder den negativen Kontostand kontrollieren, desto mehr werden diese Schulden wachsen. Wenn Sie hingegen visualisieren, wie Ihr Konto mit einem hohen Kontostand aussieht, ist es viel wahrscheinlicher, dass Ihr Unterbewusstsein die notwendigen Schritte einleiten wird, um dorthin zu gelangen.

Ein Fallbeispiel: Jack Canfield (Autor von „Hühnersuppe für die Seele“)

Jack Canfield, der Autor der millionenfach verkauften Ratgeber „Hühnersuppe für die Seele,“ kann darüber ein Lied singen. Er wuchs mit einem konservativen Vater auf, der fest davon überzeugt war, dass das Leben unendlich schwierig ist. Canfield begann mit einem Coach zu arbeiten, während er im Jahr durchschnittlich 8,000 USD verdiente. Der Coach empfahl ihm, ein fast unvorstellbares Ziel zu setzen: Canfield wollte 100,000 USD im Jahr verdienen.

Er hatte keine bahnbrechende Business-Idee und keinen blassen Schimmer, wie er das jemals anstellen würde. Aber er deklarierte sein Ziel, glaubte an sich, begann sich so zu verhalten als wäre es schon wahrgeworden und sendete so eine klare Botschaft an das Universum. Nach vier Wochen, in denen er jeden Morgen seinen Erfolg visualisiert hatte, kam ihm die Idee, sein erstes Buch zu veröffentlichen. Wenn er davon genügend Kopien verkaufen würde, könnte er das Geld zusammenbekommen. Und was geschah? Er hielt einen Vortrag, der in einer großen Zeitung besprochen wurde und verkaufte tatsächlich so viele Bücher, dass er in dem Jahr genau 92,327 USD verdiente. Das Gesetz der Anziehung hatte seinen Traum wahrwerden lassen. Und mit dem ersten Buch der Reihe „Hühnersuppe für die Seele“ wiederholte er den Prozess mit Erfolg, dieses Mal jedoch mit der unglaublichen Summe von 1,000,000 USD.

Was ist das Geheimnis oder die Moral dieser Geschichte? Wenn Sie eine inspirierte Idee haben, müssen Sie darauf vertrauen und handeln. Alles andere wäre eine reine Verschwendung Ihrer Lebenszeit und Ihres individuellen Talents.

Visualisierung und Affirmationen: So wenden Sie das Gesetz der Anziehung an

Das Beispiel von Jack Canfield und vielen weiteren Personen, die das Gesetz der Anziehung erfolgreich für Ihr Leben angewendet haben, beweist: Es funktioniert. Und auch Sie können es nutzen. Alles, was Sie dafür tun müssen, ist zu fragen und die notwendigen Schritte einzuleiten.

Die drei Schritte des kreativen Prozesses

Indem Sie das Gesetz der Anziehung anwenden, leiten Sie einen schöpferischen Prozess in Ihrem Leben ein. In der Essenz ist es also ein kreativer Prozess. Und dieser lässt sich anschaulich in drei Schritten darstellen. Wenn Sie das Gesetz nutzen wollen, um mehr Glück, Wohlstand und Zufriedenheit in Ihrem Leben zu erreichen, müssen Sie lediglich den folgenden drei Schritten folgen.

Schritt 1: Darum bitten.

Als Allererstes, müssen Sie sich darüber klarwerden, was Sie eigentlich wollen. Nachdem Sie das getan haben, müssen Sie den Mut aufbringen, darum zu bitten. Sie können Sich das Universum wie den Flaschengeist bei Aladdin vorstellen. Sie reiben an der Flasche, der Geist erscheint und anschließend haben Sie einen Wunsch frei.

Mit dem Gesetz der Anziehung verhält es sich in etwa wie mit der Aussage des Flaschengeistes: „Ihr Wunsch ist mir Befehl." Wie auch Aladdin in der Geschichte, müssen Sie ganz genau darauf achten, was Sie sich wünschen. Wenn Sie eine weise und gut überlegte Entscheidung bewusst getroffen haben, wird der Wunsch Ihr Leben auf ungeahnte Weise verbessern. Wenn Sie das nicht getan haben und der Wunsch unbewusst ausgesprochen wurde, werden Sie sich ein Leben lang über das Ergebnis ärgern.

Geben Sie dem Universum jetzt einen Befehl, indem Sie Ihren Wunsch aufschreiben. Sagen Sie ganz klar, was Sie wollen. Das Universum reagiert auf Ihre Gedanken. Schreiben Sie Ihren Wunsch im Präsens auf. Sie können zum Beispiel so beginnen: „Ich bin so glücklich und dankbar dafür, dass ich jetzt ... habe/ kann/..." Am besten schreiben Sie genau auf, wie Sie sich das Leben Ihrer Träume in jeder Einzelheit vorstellen.

Schritt 2: Daran glauben.

Nachdem Sie Ihren Wunsch geäußert haben, geht es nun darum, daran zu glauben, dass er in Erfüllung geht. Betrachten Sie die Dinge, die Sie sich wünschen so als wären Sie bereits Teil Ihres Lebens. Glauben Sie fest daran, dass Sie zu Ihnen kommen werden, wann immer Sie sie brauchen. Und dann lassen Sie sie auf sich zukommen.

Ein Gesetz des Universums besagt, dass alles genau so ist, wie es in diesem Moment sein soll. Wenn es so sein soll, wird es so sein. Wir haben keinerlei Einfluss auf den ewigen Fluss der Dinge im Universum. Wir können uns ihm lediglich hingeben und darauf vertrauen, dass alles was wir brauchen uns genau zur richtigen Zeit erreichen wird – wenn wir darum gebeten haben. In diesem Wissen können Sie sich ganz entspannt zurücklehnen und das Universum seine Arbeit tun lassen, nachdem Sie Ihre getan haben.

Hören Sie damit auf sich ununterbrochen mit Sorgen um alles zu quälen. Denken Sie nicht darüber nach, was in Ihrem Leben fehlt. Denken Sie über die Dinge, die Sie sich wünschen so nach als wären Sie bereits ein fester Bestandteil Ihres Lebens. Glauben Sie felsenfest an die Dinge, die Sie jetzt noch nicht sehen können. Sagen Sie zu sich selbst: „Ich weiß, dass diese Dinge genau jetzt auf dem Weg zu mir sind."

Schritt 3: Annehmen.

Der dritte wichtige Schritt ist, dass Sie die Dinge annehmen, die Sie sich gewünscht haben. Für viele Menschen ist das schwierig, denn Selbstzweifel und das Gefühl nicht gut genug zu sein halten uns davon ab, unsere Geschenke zu sehen und zu akzeptieren. Damit ist jetzt Schluss.

Beginnen Sie schon bevor die gewünschten Dinge in Ihrem Leben auftauchen, damit, sich vorzustellen, wie sie sich anfühlen. Fühlen Sie sich wunderbar glücklich und erfüllt. Fühlen Sie sich genauso, wie Sie sich fühlen werden, wenn Sie „angekommen" sind. Es ist unglaublich wichtig, dass Sie sich gut und glücklich fühlen, denn damit begeben Sie sich auf emotionaler Ebene in genau die Frequenz, die Sie erreichen wollen. Wenn Sie das Gefühl einmal bewusst erreicht haben, ziehen Sie damit automatisch mehr an.

Und hier liegt der nächste Knackpunkt: Es geht nicht allein darum zu denken, sondern in erster Linie darum, zu FÜHLEN.

Es geht nicht um den Gedanken, sondern um das Gefühl

„Vorstellungskraft ist die Vorschau auf die kommenden Attraktionen des Lebens."
~ Albert Einstein

Um die volle Macht Ihrer Gedanken mit Hilfe des Gesetzes der Anziehung nutzen zu können, geht es nicht allein um den Prozess des Denkens, sondern vor allem um den Prozess, der noch tiefer liegt: Das Fühlen.

Denn das Universum spürt, was wir fühlen. Es genügt nicht, allein mit der Kraft unseres Verstandes etwas auf dem intellektuellen Level zu glauben. Das reicht nicht aus, wenn dieser Aussage nicht das zugehörige Gefühl zugrunde liegt. Wenn der Kopf zwar will, aber das Herz widerstrebt, werden Sie nicht genug

Kraft haben, um Ihre Träume wirklich zu manifestieren. Sie müssen es tief im Herzen fühlen.

Die Beschäftigung mit dem Gesetz der Anziehung ist im Grunde nur eine Übung, mit der Sie herausfinden können, wie Sie das Gefühl erzeugen, dass Ihre Wünsche sich bereits erfüllt haben. Sie können beispielsweise eine Testfahrt in Ihrem Traumauto machen oder sich von einem Immobilienmakler durch Ihr Traumhaus führen lassen – einfach, um zu SPÜREN wie es sich anfühlt.

Vielleicht kennen Sie den Spruch „Fake it `till you make it." Er bedeutet so viel wie: So tun als ob, bis man es geschafft hat. Darum geht es im Grunde, wenn Sie mit Visualisierung arbeiten. Sie stellen sich etwas so lang in Gedanken und auf emotionaler Ebene vor, bis Sie genau das manifestiert haben.

Dabei geht es ganz und gar nicht darum, Dinge zu erzwingen. Vielmehr sollten Sie nur genau das tun, was sich für Sie gut und richtig anfühlt. Denn dann sagt ihr Gefühl Ihnen, dass Sie mit dem Universum auf einer Linie sind. Wenn Sie das annehmen, was es für Sie bereithält und Ihnen geben möchte, dann wird es sich anfühlen, als wären Sie zu neuem Leben erwacht. Die Zeit steht still, die Farben sind intensiver, alles wirkt plötzlich freundlicher und Sie fühlen sich, als könnten Sie zum ersten Mal unbeschwert durchatmen. Sie würden am liebsten gar nicht mehr damit aufhören. In dem Moment, wo Sie das spüren, wissen Sie, dass Sie das Richtige tun. Bleiben Sie auf diesem Weg, denn er ist für Sie bestimmt.

Dankbarkeit als Weg zum Glück

„Das Lächeln das Du aussendest, kehrt zu Dir zurück."
~ Indisches Sprichwort

Dankbarkeit ist eines der machtvollsten Werkzeuge, die wir als Menschen besitzen. Sie ist ein effektiver Weg, um mit Ihrer Seele oder inneren Stimme in Kontakt zu treten.

Wenn Sie Dankbarkeit empfinden, tritt das Ego aus dem Weg und macht in Ihrem Herzen Platz für mehr Liebe, Mitgefühl und Verständnis. Wenn Sie nicht mehr so sehr mit Ihrem eigenen Unmut und dem Gefühl von Mangel und Wettbewerb abgelenkt sind, haben Sie plötzlich viel mehr Kapazität, um für andere zu fühlen und Ihnen Hilfe zu leisten.

Wahre Dankbarkeit ist außerdem eine der stärksten Weisen, um mehr Glück und Schönheit in Ihr Leben einzuladen. Es ist, als würden Sie zum Universum sagen: „Danke. Bitte gib mir mehr davon."

Dankbarkeit ist unabhängig von jeglicher Situation, Umständen oder persönlichen Erfahrungen. Wenn Sie mit dieser inneren Freude in Verbindung treten, werden Sie wie ohne Grund ein tiefes Glücksgefühl empfinden. Sie sind einfach dankbar dafür, am Leben zu sein.

Ihr Leben auf diese Weise wertzuschätzen, radiert jegliche Gedanken an Mangel oder Einschränkung aus und erinnert Sie daran, dass Sie von unglaublich vielen positiven Dingen umringt sind. Und je mehr Dankbarkeit Sie empfinden, desto mehr strahlen Sie sie aus.

Indem Sie Anderen helfen, glücklich zu werden, legen Sie regelrecht den Grundstein dafür, dass auch Sie selbst glücklich werden. Denn die positive Energie, die Sie aussenden, wird als Vielfaches zu Ihnen zurückkehren.

Ein wichtiger Aspekt, den Sie an dieser Stelle berücksichtigen sollten, ist: Sie geben nicht, um zu nehmen. Sie geben, weil Ihr eigenes Fass der

Dankbarkeit bis zum Rand voll ist und Sie den Überlauf mit anderen teilen wollen. Denn, wenn man nur etwas gibt, weil man im Gegenzug etwas zurückerwartet – sei es Dankbarkeit, Geschenke oder Zeit und Aufmerksamkeit – dann hat das nichts mit dem Gesetz der Anziehung zu tun. Sie müssen aus vollem Herzen geben, niemals aus einer Erwartungshaltung heraus. Alles andere funktioniert nicht und Sie werden damit keinerlei Veränderung in Ihrem Leben spüren.

Es geht um Wertschätzung und Anerkennung von all den tollen Dingen, die bereits Teil Ihres Lebens sind. Seien Sie dankbar für alles, was Sie haben. Es mag sein, dass Sie sich mehr oder etwas Anderes wünschen, das Sie hoffentlich auch bald mit Hilfe der Tipps in diesem Ratgeber anziehen werden. Aber für den Moment geht es darum, dass Sie die guten Dinge in Ihrem Leben anerkennen. Es können die Augen sein, mit denen Sie jetzt gerade diese Zeilen lesen, oder die Kleidung, die Sie tragen. Wenn Sie Dankbarkeit für all das zeigen, das Ihnen bereits geschenkt wurde, werden Sie bald mehr erhalten.

Hier ist eine Liste mit Dingen, für die Sie dankbar sein können:

- ihr wundervoller Körper mit all seinen Funktionen
- Ihr gesunder Verstand
- Nahrung für Ihren Körper (Lebensmittel, Sport)
- Nahrung für Ihren Geist (Bücher, Filme, Bildung)
- Nahrung für Ihre Seele (Gärtnern, Hobbies, Freizeit, Haustiere)
- materielle Annehmlichkeiten (Zuhause, Möbel, Auto)
- Liebe und Beziehungen mit einzigartigen Menschen
- Luxusgüter (Auto, Reisen, Restaurants)

Ihre Träume durch klare Intentionen visualisieren

In Kapitel Drei haben wir uns mit der Definition von Glück beschäftigt. Nun geht es darum, dass Sie Ihre persönlichen Gedanken dazu sortieren, indem Sie sie zu Papier bringen. Auf diese Weise liefern Sie Ihrem

Unterbewusstsein einen klaren Leitfaden dafür, was Sie erreichen wollen.

Das Wichtigste an diesem Programm ist, sich darüber bewusst zu werden, wer Sie sind und wer Sie sein möchten. Nur so können Sie Ihre Träume zur Wirklichkeit werden lassen. Ja, das klingt nach einer großen Aufgabe. Und das ist gut so. „Dream Big," wie man so schön sagt! Wenn Sie Ihren Traum immer im Blick behalten und es Schritt für Schritt angehen, erscheint der Weg zum Erfolg viel einfacher. Zu diesem Zweck bitte ich Sie, ein Poster zu gestalten, auf dem Sie oben ein Hauptziel, sowie darunter zwei bis drei Hilfsziele und so viele kurzzeitige Ziele wie möglich auflisten.

Ein großes Hauptziel

Der erste Schritt ist es, Ihr Hauptziel festzulegen. Hierbei gilt: Je unrealistischer es klingt, desto besser! Ein Hauptziel für einen begeisterten Läufer wäre zum Beispiel: „Ich möchte so laufen wie Usain Bolt." Ihr Hauptziel ist etwas, an dem Sie im besten Fall Ihr ganzes Leben arbeiten möchten, ein Ideal das Sie anstreben. Dieses Ideal ist keineswegs unmöglich. Nehmen Sie sich bei dieser Aufgabe selbst ernst: Nichts ist unmöglich, wenn Sie es wirklich wollen!

Drei Hilfsziele

So könnten Sie Ihr Hauptziel zum Beispiel festsetzen als: „Ich möchte wie eine berühmte Persönlichkeit (z.B. David Letterman) im Mittelpunkt einer Fernseh-Show stehen und von allen bejubelt werden." Nun können Sie zwei bis drei konkrete Hilfsziele festlegen, die Ihnen den Weg dorthin ebnen. Diese sollten in einigen Wochen zu erreichen sein. Zum Beispiel könnten Sie aufschreiben: Ich möchte selbstbewusst vor einer Gruppe von Zuschauern auftreten.

Kurzzeit-Ziele: Tägliche Schritte zu Ihrem Traum

Als letztes können Sie nun die kleinen Schritte auflisten, die Sie jeden Tag in Richtung Ihres Hauptziels machen können: Ihre kurzzeitigen Ziele. Hierfür gilt: „Je mehr und je konkreter, desto besser." Sie können sich an der SMART-Regelung orientieren: **S**pezifisch (specific), **M**essbar (measurable), erreichb**A**r (achievable), **R**ealistisch (realistic), zei**T**rahmen (timeframe). Hier ein paar Beispiele für kurzzeitige Ziele: 1. Ich werde mir jeden Morgen im Spiegel sagen: „Ich sehe toll aus.“ 2. Ich werde jeden Tag einmal etwas vor einer Gruppe Menschen sagen. (Und wenn es nur am Abendtisch mit der Familie ist!) 3. Ich werde jeden Tag ein Wohlfühl-Lied singen oder etwas Anderes tun, bei dem ich mich völlig frei und ungezwungen entfalten kann.

Wenn Sie so viele kurzzeitige Ziele aufgeschrieben haben wie möglich, hängen Sie das Poster an Ihre Wand, wo Sie es jederzeit sehen können. Das ist in gewisser Weise Ihr Wegweiser für alle Aufgaben und Erfahrungen, der Sie in den kommenden Wochen und darüber hinaus begleiten und Sie auf Kurs halten wird.

Tipp: Wichtig ist, dass Sie sich keine Sofortlösung all Ihrer Probleme oder gar ein Wunder erhoffen, ohne die dafür notwendigen Schritte einzuleiten. Ihr Leben liegt in Ihrer Hand. Machen Sie jetzt das Beste daraus. Ich wünsche Ihnen von Herzen viel Erfolg und vor allem Spaß dabei!

Die praktische Umsetzung: So gestalten Sie das Leben Ihrer Träume

Nachdem Sie nun alle wichtigen Grundlagen kennen, kommt der beste Teil: Die praktische Umsetzung für das Leben Ihrer Träume. Der Kurs ist für 14 Tage ausgelegt und beinhaltet zwei verschiedene Ebenen: Zum einen werden Sie aktiv jeden Tag eine neue Affirmation verinnerlichen. Zum anderen geht es beim Mindset-Tagebuch darum, dass Sie sich über den Verlauf des Programms selbst besser kennenlernen und eine feste Verbindung mit Ihrer Inneren Stimme, Ihrem wahren Ich herstellen.

14-Tage-Programm: Affirmationen und Wohlstands-Tagebuch

In Kapitel zwei haben Sie sich ausführlich mit den Vorteilen von Meditation auseinandergesetzt. Im praktischen Teil geht es nun darum, diese Vorteile für sich zu nutzen. Das gelingt, indem sie eine tägliche Meditationspraxis aufbauen, die die folgenden Affirmationen beinhaltet.

Sie müssen sich bei diesem Programm nicht auf die vorgeschlagenen Affirmationen begrenzen, sondern können auch weitere dazuschreiben. Jeder Mensch hat sehr unterschiedliche Bedürfnisse. Es spricht für Ihre Entwicklung, wenn Sie in der Lage sind, am Ende der Liste noch weitere relevante Affirmationen für sich zu notieren.

Schreiben Sie die einzelnen Affirmationen, die für Ihr persönliches Leben relevant sind, auf Zettel. Wahlweise können Sie auch eine leicht lesbare, übersichtlich geschriebene Liste anlegen. Diese Liste oder die Zettel verteilen Sie nun in Ihrem Zuhause an gut sichtbaren Stellen. Das kann der Spiegel in Ihrem Badezimmer oder in Ihrem Ankleideraum sein. Dadurch, dass es Ihnen immer wieder ausgesetzt ist, kann Ihr Unterbewusstsein die Affirmationen umso besser aufnehmen und für den Rest Ihres Lebens abspeichern.

Denn darum geht es hier: Dies ist nicht nur ein Programm, das Sie zwei Wochen lang begleiten wird, sondern Ihr gesamtes Leben verbessern und Ihnen einen langfristigen Leitfaden liefern wird. Nehmen Sie sich also die Zeit, die Sie dafür brauchen. Sie sind es wert. Sie haben Ihr eigenes Glück und Ihren gewünschten Wohlstand verdient.

Hier ist eine Übersicht der Affirmationen, mit denen Sie innerhalb der nächsten 14 Tage Ihr Leben verändern können:

1. Ich liebe mich selbst mehr als alles andere auf der Welt.

2. Ich bin schön.

3. Ich muss gar nichts, aber kann alles tun.

4. Was mich verletzlich macht, macht mich schön.

5. Ich bin liebenswert.

6. Ich bin einzigartig und kostbar.
7. Ich habe das Recht, um alles zu bitten, was ich mir von Herzen wünsche.
8. Ich bin genug.
9. Ich bin würdig.
10. Ich bin der Schöpfer meiner Wirklichkeit.
11. Alles, auf das ich meine Energie lenke, wird größer und stärker.
12. Mein Glück liegt einzig und allein in mir selbst.
13. Wenn ich jeden Tag mein Bestes gebe, ist meine Aufgabe erfüllt. Den Rest übernimmt das Universum.
14. Meine Gefühle steuern meine Gedanken und damit mein Leben.

Hier ist noch Platz für weitere persönliche Affirmationen:

- Ich bin/ kann/ werde ...

- Ich bin/ kann/ werde ...
- Ich bin/ kann/ werde ...
- Ich bin/ kann/ werde ...
- Ich bin/ kann/ werde ...
- Ich bin/ kann/ werde ...
- Ich bin/ kann/ werde ...

Das Wohlstands-Tagebuch: Tägliche Affirmationen anwenden

Diese Affirmationen stellen die Basis für Ihre tägliche Praxis dar. Jeden Morgen sollten Sie sich Zeit dafür nehmen, zu meditieren und die Affirmation des Tages aufzuschreiben. Das können Sie im ersten Schritt entweder in der Liste an Ihrem Spiegel oder auf den Zetteln tun.

Im zweiten Schritt möchte ich Sie darum bitten, ein Wohlstands-Mindset-Tagebuch nur für dieses Programm anzulegen. Gönnen Sie sich ein handliches

Notizbuch mit schönem Design, das Sie jeden Tag wieder gern in die Hand nehmen.

Schreiben Sie auf den obersten Teil der Seite das Datum und den Tag des Programms, zum Beispiel Tag Eins. Darunter schreiben Sie sich nun die Affirmation auf. So behalten Sie immer den Überblick, wo Sie sich im Programm befinden. Aber vor allem können Sie so im Anschluss an das Programm noch einmal alle Notizen durchgehen und wichtige Brücken zwischen Ihren Gedanken schlagen, die Ihnen auf den ersten Blick nicht aufgefallen sind.

Mit dem Mindset-Tagebuch bleiben Sie immer im Gespräch mit Ihrer inneren Stimme

In Zusammenhang mit den Affirmationen, die Sie über die nächsten zwei Wochen begleiten werden, ist es wichtig, dass Sie Ihre Erfahrungen verarbeiten. Ein Tagebuch ist die perfekte Gelegenheit, um sich selbst einen Raum zu geben, in dem Sie Ihre Gedanken und Erlebnisse wertfrei und ohne Verurteilung von anderen (und sich selbst, versteht sich) teilen, festhalten und verarbeiten können. In Ihrem Tagebuch können Sie jeden Tag Ihre Gedanken und Gefühle festhalten. Auf diese Weise bleiben Sie immer in Kontakt mit Ihren Emotionen, Ihrer inneren Stimme und damit Ihrem Höheren Ich.

Damit Sie an jedem der 14 Tage nicht nur eine Affirmation, sondern auch eine konkrete Aufgabe haben, finden Sie hier Vorschläge für tägliche Aktivitäten. Neben den Affirmationen möchte ich Sie darum bitten, in Ihrem Mindset-Tagebuch jeden Tag Ihre Gedanken zu den zugehörigen Anregungen für diese Aktivitäten festzuhalten. Sie helfen Ihnen in Ergänzung zu den Affirmationen dabei, sich selbst besser kennenzulernen und mehr Selbstvertrauen aufzubauen.

Tag 1. Ich liebe mich selbst mehr als alles andere auf der Welt.

Selbstliebe ist die Grundlage für jegliche andere Form der Liebe. Denn Sie können nur geben, was Sie selbst haben. Man kann nur aus einem Fass schöpfen, das bis zum Überlaufen voll ist. Alles andere sorgt nur dafür, dass Sie anderen geben, was Sie sich selbst versagen. Und jede menschliche Verbindung, die auf dieser Basis aufbaut, ist auf Dauer zum Scheitern verurteilt.

Heute geht es darum, dass Sie sich selbst besser kennenlernen. Indem Sie ehrlich Ihre Eigenschaften aufschreiben, machen Sie den ersten Schritt auf dem Weg, um sich selbst voll und ganz zu akzeptieren und zu lieben. Diese Aufgabe ist vielleicht die schwerste von allen und steht genau deswegen am Anfang des Programms. Sie werden über die nächsten Wochen immer wieder auf das zurückgreifen können, was Sie heute erkennen und notieren. Es ist wichtig, dass Sie als allererstes Ihre Selbstliebe-Batterie auffüllen, weil Sie viel Energie brauchen werden, um Ihr volles Potenzial zu entfalten.

Aktivität 1: Wer bin ich? Ihre Stärken und Schwächen definieren

Es geht in diesem Programm vor allem darum, dass Sie sich selbst analysieren und besser kennenlernen. Denn die Wurzel von Selbstbewusstsein ist es, sich über die eigenen Stärken und Schwächen im Klaren zu sein. Wenn Sie nicht wissen, was in Ihnen steckt (und was nicht), ist es schwierig jemand anderem, wie zum Beispiel einem Arbeitgeber oder auch Ihrem Partner, das zu zeigen. Wenn Sie sich nur auf Ihre Schwächen konzentrieren, wird Ihnen das Gegenüber nur schwer vertrauen können. Das Gleiche passiert jedoch auch, wenn Sie mit Ihren Stärken prahlen. Wir alle sind menschlich. Es ist von zentraler Bedeutung, dass Sie verstehen, was Sie GUT KÖNNEN und (NOCH) NICHT GUT KÖNNEN. Sie können sich selbst analysieren, aber es ist auch sehr hilfreich andere, wie z.B. Freunde und Familie, um Hilfe zu bitten.

Heute bitte ich Sie, ein Mindmap zu Ihren positiven Charaktereigenschaften zu gestalten. Nehmen Sie dafür ein leeres Poster (DIN A3 oder 4) und schreiben Sie Ihren Namen in einen Kreis in die Mitte. Nun können Sie in Form von Strahlen, die vom Kreis abgehen, einzelne Charaktereigenschaften aufschreiben. Was macht Sie brillant, oder Sie selbst? Seien Sie gut zu sich und schreiben Sie alles auf, was Ihnen jemals zugeschrieben wurde, oder Sie im Laufe des Lebens durch Erfahrungen über sich selbst gelernt haben.

Hängen Sie das fertige Poster an einem Ort auf, an dem Sie es regelmäßig sehen werden, wie zum Beispiel am Kühlschrank oder am Spiegel im Badezimmer. Sie können immer wieder zurückkehren und neue Wörter aufschreiben, die Ihnen in den Sinn kommen. Je mehr Sie im Laufe der kommenden Wochen aufschreiben können, desto besser kennen Sie sich selbst!

Im Anschluss an die Stärken geht es nun darum, dass Sie Ihre Schwächen klar definieren. Das fällt Ihnen wahrscheinlich viel schwerer, als die Stärken aufzuzählen. Denn das Ego währt sich dagegen, definiert zu werden, da es dadurch angreifbar wird. Genau das ist jedoch das Ziel: Das Ego abzulegen und Platz für den wunderbaren Menschen zu machen, der Sie wirklich sind.

Was sind Ihre Schwächen? Was fällt Ihnen schwer? Welche Fähigkeiten erkennen Sie in anderen, die Sie selbst gerne hätten? Diese Aufgabe ist schwerer als die, Ihre Stärken darzustellen. Sie müssen nicht sämtliche Charaktereigenschaften am heutigen Tag notieren. Schreiben Sie so viel wie möglich auf, aber lassen Sie sich genug Zeit zum Nachdenken. Fügen Sie im Laufe der kommenden Wochen weitere Dinge hinzu, die Ihnen einfallen.

Tag 2. Ich bin schön.

Es gibt so viele verschiedene Körperformen und alle von ihnen sind auf ihre ganz individuelle Art wunderschön. Unsere Wahrnehmung der Welt ist immer subjektiv – es gibt keine allgemeingültige Wahrheit, sondern nur die Sicht durch die eigene Linse. Und so ist es auch mit der Schönheit: Jeder Mensch hat eine individuelle Wahrnehmung von Schönheit. Was uns in den Medien als „perfekt“ vorgegaukelt wird, ist so weit von der Wahrheit entfernt, wie es nur sein könnte. Es gibt auf der Welt keine Perfektion, keine ideale Form oder Lebensweise, sondern Diversität und authentische Individualität. Genau darin liegt die wahre Schönheit. Schreiben Sie in Ihrem Tagebuch all die Dinge auf, die Sie innerlich und äußerlich schön machen.

Aktivität 2: So nehmen andere Sie wahr. Ein Spiel mit Familie und engen Freunden

Heute sind nicht nur Sie allein gefordert, sondern es geht um ein Spiel, an dem auch Ihre Familienmitglieder und engen Freunde Spaß haben werden.

Zur Vorbereitung: Schreiben Sie so viele Adjektive in Bezug auf Charaktereigenschaften auf kleine Papierschnipsel, wie Ihnen einfallen - vor allem positive. Nehmen Sie bei Bedarf zur Inspiration ein Lexikon oder das Internet zur Hilfe, um etwa 50- 70 Begriffe zu finden. (Beispiele: glamourös, präzise, leidenschaftlich, abenteuerlustig, verspielt, unterhaltsam, stur, energisch, unabhängig, organisiert, lustig, außergewöhnlich, mutig, spontan, enthusiastisch, kreativ, humorvoll, Freidenker, geduldig, gebildet, etc.) Schneiden Sie die einzelnen Wörter behutsam in rechteckige Schnipsel und sammeln Sie diese in einem kleinen Glas oder Behälter.

Spiel mit der Gruppe: Laden Sie eine Gruppe von Freunden oder die Familie ein. Wichtig ist, dass alle sich in gewissem Maße kennen. Setzen Sie sich in einem engen Kreis zusammen. Nun stellen Sie den Behälter mit Begriffen in die Mitte. Jeder zieht gleichzeitig einen Begriff, ohne ihn den anderen zu zeigen. Nehmen Sie sich nun alle einen Moment Zeit, um zu überlegen, auf welche Person der Begriff am besten zustimmt. Dann legen alle den jeweiligen Begriff verdeckt vor die Person. Wenn alle ihren Begriff abgelegt haben, beginnt die nächste Runde.

So zieht jeder pro Runde einen Begriff und ordnet ihn einer beliebigen Person zu, bis alle Begriffe verteilt sind.

Individueller Teil: Nun beginnt der nächste Teil des Spiels. Sie dürfen die Begriffe vor sich nun umdrehen und für sich selbst durchlesen. Keiner der Anwesenden darf die Begriffe eines anderen Mitglieds kommentieren. Wenn alle ihre Begriffe zur Kenntnis genommen haben, suchen Sie sich jeweils die drei interessantesten oder verwirrenden Begriffe aus, die Ihnen zugeordnet wurden. Als Nächstes erklärt der Runde nach jeweils eine Person, was mit dem vorgelesenen Begriff im Allgemeinen gemeint ist. Im Anschluss darf dann die Person, von der der Begriff verteilt wurde, erklären, warum sie gerade diese Zuordnung gemacht hat. Das Spiel endet, wenn alle Beteiligten ihre drei Lieblingsbegriffe geklärt haben. Sie werden erstaunt sein, was andere in Ihnen sehen - viel mehr als Sie selbst jemals von sich gedacht hätten!

Tag 3. Ich muss gar nichts, aber kann alles tun.

Wir leben mit dem ständigen Gefühl, etwas leisten zu müssen. Alles muss immer größer, schneller und weiter sein. Heute geht es darum, dass Sie erkennen, dass dem nicht so ist. Denn Sie müssen überhaupt nichts tun. Wirklich gar nichts. Alles was Sie tun ist Ihre freie Entscheidung. Indem Sie das anerkennen, akzeptieren Sie auch sämtliche Verantwortung für Ihre Handlungen. Nur so können Sie ein wirklich erfülltes Leben aufbauen. Ihnen stehen alle Türen offen, wenn Sie sich trauen, nach der Klinke zu greifen.

Aktivität 3: Ihre Wünsche und Bedürfnisse klar kommunizieren. Nein sagen.

Nein-Sagen ist eine Form der Selbst-Liebe. Nehmen Sie Ihre Grenzen ernst und machen Sie anderen klar, wie weit Sie gehen wollen und was nicht in Frage kommt. Sie haben es nicht nötig, zu allem Ja und Amen zu sagen, dafür sind Sie und Ihre Zeit viel zu kostbar. Wenn Sie das Gefühl haben, dass es Ihnen schwerfällt jemanden abzuweisen, oder anderen eine Idee abzuschlagen: Jetzt ist die Zeit, sich daran zu gewöhnen! Sagen Sie mindestens einmal pro Tag Nein zu etwas, das Sie nicht richtig finden, Sie nicht interessiert oder Sie nicht persönlich weiterbringt.

Tag 4. Was mich verletzlich macht, macht mich schön.

Was macht Sie verletzlich? In welcher Situation haben Sie gleichzeitig vor lauter Glück Schmetterlinge im Bauch und würden gleichzeitig am liebsten im Erdboden versinken, weil Sie sich vor der Reaktion anderer fürchten? Vielleicht wollten Sie schon immer eines Ihrer Gedichte vortragen. Oder Sie würden gern als Stand-Up Comedian auftreten. Oder wie wäre es mit einer Dinner-Party für Freunde, bei der Sie endlich Ihre versteckten Kochkünste zeigen? Egal was es ist, Ihre innere Stimme wird Sie immer wieder an das erinnern, was Sie in diesem Leben tun sollen. Hören Sie zu und trauen Sie sich es umzusetzen.

Aktivität 4: Tun Sie etwas, was Sie schon immer tun wollten.

Heute wartet eine wunderbare Aufgabe auf Sie: Endlich können Sie es sich selbst erlauben etwas zu tun, das Sie schon immer wollten, aber sich bisher nicht getraut haben. Vielleicht waren bisher auch die Meinung Ihres Partners, Ihr eigener Kritiker oder Ihre Kinder im Weg. Jetzt gibt es keine Ausreden mehr. Buchen Sie den Kurs. Gehen Sie zu dem Event. Stellen Sie sich auf diese Bühne. Lassen Sie Ihrer Kreativität freien Raum. Es gibt kein besseres Gefühl auf dieser Welt!

Tag 5. Ich bin liebenswert.

Einer der Gedanken, die uns am meisten ins Gehege kommen ist, dass wir es nicht verdient haben geliebt zu werden. Das haben Sie aber ohne Frage. Sie sind liebenswert! Um ein für alle Mal mit negativen Glaubenssätzen wie diesem aufzuräumen, steht ihnen heute eine besonders spannende Aktivität bevor.

Aktivität 5: Denkmuster ändern und negative Glaubenssätze in positive verwandeln

Extrem wichtig für den Erfolg des Programms ist, dass Sie jegliche negativen Gedanken durch positive ersetzen. Denn jeder negative Gedanke blockiert einen Platz, den Sie für positive brauchen. Ihre Gedanken an Schulden verhindern beispielsweise, dass mehr Geld auf ihr Konto fließen kann.

Heute steht Ihnen eine besondere Herausforderung bevor: Versuchen Sie verteilt über den ganzen Tag (und auch in Zukunft) alle negativen Gedanken in positive umzuwandeln. Sich selbst zu akzeptieren ist ein wichtiger Schritt. Alles was Sie tun ist **gut**: Die Kleidung, die Sie tragen, wie Sie sich geben, was Sie sagen – das ist alles Teil Ihres Lebens. Und darin geht es darum, dass Sie glücklich sind und jeden einzelnen Tag so gut wie möglich genießen. Das Leben ist schon komplex genug, ohne dass Sie sich mit negativen Gedanken auch noch selbst im Weg stehen.

Nehmen Sie Ihr Leben nicht so hin, wie es jetzt gerade ist. Sie können eine höhere Lebensqualität erreichen, wenn Sie es nur wollen. Die meisten Menschen betrachten den aktuellen Stand der Dinge (ihres Kontos, ihres Beziehungsstatus, usw.) und sagen: „Das bin ich." Aber tatsächlich sind Sie das nicht mehr. Das WAREN Sie. Das ist nichts weiter als das übriggebliebene Ergebnis Ihrer vergangenen Gedanken und Handlungen. Wir leben ständig in diesen Überbleibseln der Gedanken und Handlungen, die wir in der Vergangenheit unternommen haben. Wenn Sie Ihren aktuellen Stand der Dinge betrachten und sich damit definieren, dann verurteilen

Sie sich dazu, in Zukunft nichts weiter als genau dasselbe zu haben.

Konzentrieren Sie sich auf das, was Sie möchten, nicht auf das, was Sie nicht möchten. Dies fördert eine generell positive Denkweise. Hier ein Beispiel: Anstatt zu sagen, „Wahrscheinlich werde ich die Präsentation in den Sand setzen. Alle werden mich auslachen," machen Sie sich selbst Mut und gehen Sie mit einer positiven Einstellung auf die Zuhörer zu: „Ich habe mich ausführlich auf diese Präsentation vorbereitet. Ich werde alle mit meiner detailreichen Arbeit überzeugen."

Anstatt zu denken: „Was passiert, wenn ich mich blamiere," drehen Sie den Spieß um: „Ich werde erfolgreich sein und die Bewunderung aller erhalten." Fokussieren Sie sich nicht auf das, wovor Sie Angst haben, sondern auf das, was Sie stark macht. Denn das, worauf Sie sich konzentrieren, wird passieren! Das ist das Gesetz der Anziehung.

Tag 6. Ich bin einzigartig und kostbar.

Haben Sie schon einmal ernsthaft darüber nachgedacht, was für ein Wunder Sie eigentlich sind? An dem Tag, als Sie gezeugt wurden, haben sich sämtliche Faktoren im Universum genau so zusammengefügt, dass Ihr Leben entstehen konnte. Sie sind das Ergebnis dieses einzigartigen Ereignisses, dass sich in der Weltgeschichte so nie wieder abspielen wird. Und so verhält es sich auch mit allem, was Sie tun. Sie sind die einzige Person auf der Welt, die genau dazu im Stande ist. Um das zu realisieren, bezieht die heutige Aktivität sich auf das Vermeiden von Vergleichen.

Aktivität 6: Der Vergleich raubt jede Freude.

Schon der amerikanische Präsident Theodore Roosevelt sagte den berühmten Satz: „Comparison is the thief of joy." Übersetzt bedeutet das so viel wie: Der Vergleich raubt uns jede Freude.

Betrachten Sie sich selbst und andere auf analytische Weise. Sie sind kostbar und liebenswert, genau wie Sie jetzt sind. Niemand ist besser oder schlechter als Sie. Arbeiten Sie an der ungesunden Gewohnheit, sich mit anderen zu vergleichen und werfen Sie sie für immer über Bord. Sie sind Sie und ich bin ich. Jeder hat seine eigenen Stärken und Schwächen, an denen er arbeiten kann. Lassen Sie die anderen sich mit ihren eigenen

Problemen herumschlagen und seien Sie einfach Sie selbst.

Hören Sie damit auf, sich bei jeder kleinsten Tat zu beurteilen. Was andere über Sie denken, hat in Wirklichkeit nichts mit Ihnen, sondern alles mit der Situation Ihres Gegenübers zu tun. Hat die Frau im Bus Sie wirklich abwertend angesehen? Oder war sie vielleicht einfach in einer schlechten Stimmung und hat alle mit dem gleichen Blick betrachtet? Stellen Sie sich vor, dass Sie in einer wunderschönen rosaroten Luftblase durch die Welt wandern. Alles Negative prallt daran ab und nur das Positive lassen Sie an sich ran.

Tag 7. Ich habe das Recht, um alles zu bitten, was ich mir von Herzen wünsche.

Das Universum ist wie ein Lagerhaus von unendlicher Fülle. Sie können alles darin finden, was Sie sich wünschen. Die drei Schritte kennen Sie bereits aus Kapitel drei: Sie müssen darum bitten, daran glauben und es schließlich annehmen. Außerdem ziehen Sie noch mehr an, wenn Sie anderen großzügig etwas geben.

Aktivität 7: Nächstenliebe & Karma. Anderen geben, was Sie sich selbst wünschen.

Wenn Sie sich etwas wünschen, helfen Sie anderen dabei, genau das zu erreichen. Auf diese Weise kommt die positive Energie, die Sie aussenden zu Ihnen zurück und verstärkt ihre Wirkung um ein Vielfaches. Das Gesetz von Karma besagt, dass all unsere Taten Konsequenzen nach sich ziehen. Wir entscheiden darüber, ob sie positiv oder negativ sein werden.

Heute ist ein toller Tag, um anderen etwas Gutes zu tun. Gehen Sie raus auf die Straße, zur Arbeit, in den Supermarkt, oder wohin Sie wollen und machen Sie einer fremden Person ein Kompliment. Es mag auf den ersten Blick merkwürdig klingen, aber Sie werden genauso viel von der Situation profitieren, wie die Person, der Sie das Kompliment gemacht haben.

Ihr Kompliment muss nichts Besonderes sein. Es kann in etwa lauten: „Sie haben ein sehr schönes Lächeln," oder „Ich mag ihre Frisur. Sie steht Ihnen sehr gut." Sie können auch einer Person, die Ihnen nahe steht ein persönlicheres Kompliment machen. Der Sinn dieser Übung ist lediglich, dass Sie das Glück Ihres Gegenübers spüren. Sie werden sehen: Ein kleines Kompliment im grauen Alltag wirkt manchmal Wunder!

Die Dankbarkeit und der Stolz über das Kompliment wird sich auf Sie übertragen und Sie mit positiver Energie erfüllen. Sie werden sich gestärkt und glücklich fühlen, da Sie etwas Gutes für jemanden getan haben, ohne etwas im Gegenzug zu erwarten.

Tag 8. Ich bin genug.

Im Universum gibt es keinen Mangel. Das ist eine menschliche Erfindung. Es gibt zu jeder Zeit von allem genug. Sie müssen lediglich Ihre Augen und Ihr Herz dafür öffnen. Das können Sie tun, indem Sie alle schmerzhaften Erfahrungen verarbeiten und damit Platz für neue, positive machen. Sie sind genug.

Aktivität 8: Shadow-Work: Schmerzliche Erfahrungen verarbeiten

Um wirklich frei sein zu können, müssen wir jeden kleinsten Teil unserer Persönlichkeit kennen und lieben lernen. Dazu gehören auch schmerzliche Erfahrungen, wie zum Beispiel Traumata aus der Kindheit. Sie sind zum größten Teil unterbewusst, weswegen etwas Hilfe von außen für diese Aufgabe sehr hilfreich sein kann.

Vereinbaren Sie einen Termin bei einem Psychotherapeuten, besuchen Sie ein Seminar zu Atemtechniken oder Trauma-Bewältigung. Sie wissen selbst am besten, wo Ihre schwachen Stellen liegen und welche tiefen Wunden Sie in Ihrem inneren Kind heilen können und müssen, um daran wachsen zu können.

Tag 9. Ich bin würdig.

Es gibt nichts, das Ihnen aus irgendeinem Grund versagt bleiben sollte. Sie haben alles verdient, was Sie sich wünschen. Und das Gleiche gilt für jeden anderen Menschen auf dieser Welt. Wir wollen alle etwas Anderes und es ist genug für alle da. Sie sind würdig. Keiner Ihrer Fehler ist unverzeihlich, denn Sie sind nur ein Mensch, wie alle anderen.

Aktivität 9: Sich selbst vergeben.

Schreiben Sie heute Dinge auf, die Sie in Ihrem Leben gerne anders gemacht hätten. Dabei geht es um Fehler, die Sie sich bis heute nicht verzeihen konnten oder grundlegende Entscheidungen in Ihrem Leben

(Ausbildung, Wohnort, Partner, Beruf usw.) Was würden Sie anders machen, wenn Sie jetzt noch einmal entscheiden könnten? Warum? Inwiefern würde Ihr Leben danach anders verlaufen?

Schreiben Sie im Anschluss dahinter: „Ich verzeihe mir. Alles ist genau richtig, wie es ist." Schließen Sie dann die Augen und wiederholen Sie diese Aussagen im Kopf. Tun Sie dies so lange, bis Sie es tief in Ihrer Seele fühlen können. Denn etwas zu sagen und etwas zu fühlen, sind zwei komplett unterschiedliche Paar Schuhe, wie wir im Kapitel über das Gesetz der Anziehung gelernt haben.

Tag 10. Ich bin der Schöpfer meiner Wirklichkeit.

Alles, was Sie glauben, wird wahr. Denken Sie heute darüber nach, was Sie zurückhält. Welche Ängste blockieren Sie? Welche Sorgen sind unbegründet? Nur, wenn Sie sämtliche Barrikaden in Ihrem Unterbewusstsein aus dem Weg räumen, steht Ihnen der Weg in die persönliche Freiheit frei.

Aktivität 10: Ihre Komfortzone kartieren und darüber hinauswachsen

In diesem Schritt geht es darum, Ihre persönliche Komfortzone kennenzulernen. Denn nur, wenn Sie wissen, wobei Sie sich gut fühlen, können Sie Ihre Grenzen realistisch beurteilen und über sich hinauswachsen. Nur wenn Sie die tiefsten Ängste überwinden, können Sie Ihr volles Potenzial entfalten. Und das ist jegliche Anstrengungen wert!

Der erste Schritt ist wohl der schwierigste und zugleich der wichtigste: Sie müssen selbst feststellen, was Ihre Ängste sind. Ihre limitierenden Denkmuster und Ängste klar darzustellen und zu beschreiben wir den Weg dafür ebnen, sie für immer zu besiegen.

Nehmen Sie hierzu ein großes DIN A3 Plakat und zeichnen Sie ein großes Feld, das Ihre persönliche Komfortzone beschreiben wird (Kreis, Wolke, Quadrat, etc.) Schreiben Sie in die Mitte: „Meine Komfortzone." Nun können Sie mit verschiedenfarbigen Stiften all die Dinge aufschreiben oder malen, mit/ bei denen Sie sich wohlfühlen. Es können Orte sein, Tätigkeiten, Personen, Gefühle... einfach alles, was Ihnen einfällt.

Im nächsten Schritt schreiben Sie bitte mit einem andersfarbigen Stift außerhalb der ‚Komfortzone' – quasi in der ‚Gefahrenzone' - alles auf, was für Sie Unwohlsein oder Angst hervorruft (Situationen, Aufgaben, Tätigkeiten, Orte, etc.) Hängen Sie dieses Poster, wenn Sie fertig sind, an einem gut sichtbaren Ort in Ihrem Zuhause auf. Über die nächsten Wochen können Sie Dinge hinzufügen, die Sie eventuell vergessen haben. Mit dieser Aktivität ist es Ihnen gelungen, klar darzustellen, wo Ihre Komfortzone liegt. Gut gemacht!

Die Herausforderung für die nächsten Wochen und Monate ist es, so viele Dinge wie möglich aus der Gefahrenzone in die Komfortzone zu integrieren. Nehmen Sie sich bitte all die Zeit, die Sie brauchen. Wenn Sie aktiv an Ihrer Angst arbeiten - sie herausfordern, indem Sie Ihre Grenzen immer wieder testen - werden Sie sehen, wie Ihre Komfortzone und zugleich Ihr Selbstvertrauen immer weiterwachsen werden!

Tag 11. Alles, auf das ich meine Energie lenke, wird größer und stärker.

In Kapitel drei haben Sie erfahren, wie das Gesetz der Anziehung funktioniert. Jeder Gedanke, den Sie bewusst oder unterbewusst aussenden, zieht das Gleiche in vervielfachter Form an. Denken Sie auch in Erinnerung an die Worte von Brené Brown darüber nach, wovon Sie sich bisher haben leiten lassen. War es Ihr Mut oder Ihre Angst vor Verletzlichkeit?

Aktivität 11: Ängste besiegen

Die eigenen Ängste zu besiegen, ist eine der machtvollsten Techniken überhaupt, um Ihr Leben voller Glück und genau nach Ihren Träumen zu gestalten. Sie müssen heute nicht Bungee-Jumping ausprobieren, oder als Stuntman oder Stunt-Woman durch ein brennendes Gebäude rennen. Es besteht natürlich die Option, aber Spaß beiseite. Es gibt viele kleine Ängste, die Sie mit weniger Aufwand überwinden können. Sie mögen zwar klein wirken, aber wenn Sie sie auflösen, wird das einen enorm befreienden Effekt für Ihr Leben und Ihre persönliche Freiheit haben. Haben Sie zum Beispiel Angst vor Spinnen? Fahren Sie mit einem Bekannten in den Zoo oder Tierhandel und fragen Sie, ob Sie die Spinne mal halten dürfen. Wahlweise können Sie auch die Spinnweben im Keller oder im Garten mutig entfernen.

Haben Sie Höhenangst? Fahren Sie ins nächste Schwimmbad und arbeiten Sie sich langsam von einem Springturm bis zum höchsten vor. Wie immer gilt: Nehmen Sie sich all die Zeit, die Sie brauchen. Sie müssen nichts in einem Tag schaffen. Schon der erste kleine Schritt zählt! Nichts ist lächerlich. Jede Ihrer Ängste ist wahr und hat es verdient, ernstgenommen und im Anschluss überwunden zu werden.

Tag 12. Mein Glück liegt einzig und allein in mir selbst.

Denken Sie heute darüber nach, wen Sie bisher für Ihr Glück verantwortlich gemacht haben. War es Ihr Partner, Ihre Kinder oder Ihre Kollegen? Nehmen Sie sich Zeit, um diese Frage zu beantworten, denn sie ist komplizierter als sie scheint. Sie wissen nun, dass Sie allein für Ihr Glück verantwortlich sind und das wird sich positiv auf all Ihre Beziehungen auswirken, denn es entzieht Ihnen jeglichen Druck.

Aktivität 12: Revision

Heute haben Sie Zeit, um in Ruhe noch einmal all Ihre Notizen durchzugehen. Gibt es etwas, das offengeblieben ist? Haben Sie Fragen, die sich mit einer Internetrecherche oder mit einem Gespräch klären lassen? Stellen Sie sicher, dass Sie sämtliche Kapitel und Inhalte aus dem Buch verstanden und verinnerlicht haben. Lesen Sie im Zweifelsfall noch einmal nach.

Tag 13. Wenn ich jeden Tag mein Bestes gebe, ist meine Aufgabe erfüllt. Den Rest übernimmt das Universum.

Das Gesetz der Anziehung besagt, dass alles, was Sie aus tiefstem Herzen wollen, wahr wird. Sie müssen lediglich die inspirierende Idee beim Schopf fassen und den ersten Schritt machen. Alles Weitere fügt sich wie von selbst, wenn Sie einmal begonnen haben.

Aktivität 13: Revision

Heute möchte ich Sie darum bitten, Ihre Notizen vom ersten bis zum zwölften Tag noch einmal durchzulesen. Holen Sie eventuell Aktivitäten nach, die Sie noch nicht vollständig bearbeitet haben.

Was fällt Ihnen bei Ihren Notizen auf? Wie haben sich Ihre Worte und damit Ihre Denkmuster im Lauf der Zeit verändert? Können Sie jetzt Verbindungen zwischen

Ihren Emotionen der verschiedenen Tage erkennen? Was sind widerkehrende Themen?

Tag 14. Meine Gefühle steuern meine Gedanken und damit mein Leben.

Sie sind der Meister Ihres Lebens. Machen Sie das Beste daraus. Fühlen Sie genau das, was Sie sich schon immer gewünscht haben und rufen Sie es damit ins Leben. Sehen Sie sich heute noch einmal die Intentionen an, die Sie am Ende von Kapitel drei notiert haben. Haben Sie sie konsequent visualisiert? Können Sie schon Ergebnisse sehen? Bleiben Sie unbedingt dran. Sie werden erfolgreich sein.

Aktivität 14: Revision und Dankbarkeit

Herzlichen Glückwunsch! Sie haben das Programm erfolgreich umgesetzt. Danken Sie sich selbst für Ihr Durchhaltevermögen und Ihr Engagement.

Wie hat das Buch Sie verändert? Was war Ihre größte Einsicht? Welche der erlernten Praktiken möchten Sie in Zukunft beibehalten?

Vielen herzlichen Dank.

Ich wünsche Ihnen weiterhin alles er-DENK-lich Gute für Ihren Weg!

Haftungsausschluss

Dieses Buch enthält Meinungen und Ideen des Autors / der Autorin und hat die Absicht, Menschen hilfreiches und informatives Wissen zu vermitteln. Die enthaltenen Strategien passen möglicherweise nicht zu jedem Leser, und es gibt keine Garantie dafür, dass sie auch wirklich bei jedem funktionieren. Die Benutzung dieses Buchs und die Umsetzung der darin enthaltenden Informationen erfolgt ausdrücklich auf eigenes Risiko. Haftungsansprüche gegen den Autor für Schäden materieller oder ideeller Art, die durch die Nutzung oder Nichtnutzung der Informationen bzw. durch die Nutzung fehlerhafter und/oder unvollständiger Informationen verursacht wurden, sind ausdrücklich ausgeschlossen. Das Werk, inklusive aller Inhalte, gewährt keine Garantie oder Gewähr für Aktualität, Korrektheit, Vollständigkeit und Qualität der bereitgestellten Informationen. Druckfehler und Fehlinformationen können nicht vollständig ausgeschlossen werden.

Impressum:
ZP Digital
Mihail Kogalniceanu
66 of.3 MD-2009
Chişinău Moldova,
zpdigital@yahoo.com

Printed in Poland
by Amazon Fulfillment
Poland Sp. z o.o., Wrocław

76373542R00066